Chaîne de blocs

Démystifier la technologie Blockchain : Un guide complet des systèmes décentralisés

Alexandre Duras

Table des matières

Introduction

Bienvenue dans « Blockchain : Démystifier la technologie Blockchain – Un guide complet des systèmes décentralisés ». La technologie blockchain est devenue une force puissante à l'ère numérique moderne, révolutionnant plusieurs secteurs et bouleversant les structures établies. Les entreprises, les gouvernements et les particuliers du monde entier s'y intéressent en raison de sa structure décentralisée, de son immuabilité et de sa sécurité.

Ce guide détaillé vise à démystifier la technologie blockchain et à vous fournir une compréhension approfondie de ses idées, éléments et utilisations fondamentaux. Cet ebook vous servira de référence pour comprendre la complexité de cette technologie révolutionnaire, que vous soyez un débutant curieux de la blockchain ou un professionnel chevronné essayant d'approfondir vos connaissances.

Nous entreprendrons un voyage dans le monde de la blockchain dans les chapitres suivants, en commençant par un résumé de son contexte et de ses principales caractéristiques. Dans cet ebook, nous examinerons les idées fondamentales qui sous-tendent la blockchain, telles que la technologie du grand livre distribué, la cryptographie, les règles de consensus et les contrats intelligents.

La décentralisation est une idée essentielle à maîtriser pour bien comprendre la blockchain. Nous approfondirons les distinctions entre les systèmes centralisés et décentralisés, révélant la force et le potentiel de l'architecture peer-to-peer et des réseaux décentralisés. Nous examinerons également les applications décentralisées (DApps) et la manière dont elles transforment différentes industries.

Nous examinerons de nombreux types de blockchain, notamment les blockchains publiques, privées, de consortium et hybrides, pour obtenir une compréhension globale de la blockchain. Chaque version possède des caractéristiques uniques et des cas d'utilisation adaptés aux exigences et aux objectifs de l'organisation.

Nous examinerons ensuite les éléments qui constituent le fondement de la technologie blockchain. Vous en apprendrez davantage sur la manière dont chaque composant d'un écosystème blockchain interagit, des nœuds et transactions blockchain aux blocs et arbres Merkle. Nous approfondirons également les idées d'exploitation minière et de validation pour mettre en lumière la procédure qui garantit la sécurité et la fiabilité des réseaux blockchain.

Nous ne pouvons pas ignorer les grandes plateformes qui ont alimenté l'acceptation généralisée de la blockchain dans notre enquête sur celle-ci. Des plateformes comme Bitcoin, Ethereum, Ripple, Hyperledger et d'autres ont ouvert la voie à des applications pratiques et stimulé l'innovation.

De plus, nous examinerons les diverses applications de la technologie blockchain dans des domaines tels que l'énergie, la gestion de la chaîne d'approvisionnement, les soins de santé, la gestion des identités, les systèmes de vote et la finance. Vous pouvez constater par vous-même comment la blockchain modernise les procédures établies et ouvre de nouvelles possibilités d'efficacité, d'ouverture et de confiance en examinant ces exemples.

La technologie blockchain n'est cependant pas sans difficultés et restrictions. Nous examinerons les principaux obstacles tels que l'évolutivité, la confidentialité, les questions juridiques, la consommation d'énergie et l'interopérabilité. Comprendre ces défis fournira des informations importantes sur les domaines nécessitant un développement et une amélioration supplémentaires.

Enfin, nous examinerons l'utilisation de la technologie blockchain telle qu'elle existe aujourd'hui et parlerons des tendances émergentes. Nous examinerons comment les entreprises utilisent les nouvelles technologies, ce que fait le gouvernement et comment cela pourrait affecter les industries établies. Nous pouvons prévoir le potentiel révolutionnaire que la technologie blockchain apportera en imaginant son avenir.

Nous souhaitons vous donner une introduction complète et compréhensible à la technologie blockchain dans cet e-book. Notre objectif est de vous fournir les informations et la compréhension nécessaires pour réussir à négocier le monde complexe des systèmes décentralisés. Nous vous encourageons sincèrement à vous lancer dans ce voyage fascinant et à réaliser tout le potentiel de la blockchain, que

vous

soyez entrepreneur, développeur, étudiant ou simplement lecteur intéressé.

Alors commençons et perçons les mystères de la technologie blockchain !

Chapitre I : Fondamentaux de la Blockchain

Technologie du grand livre distribué

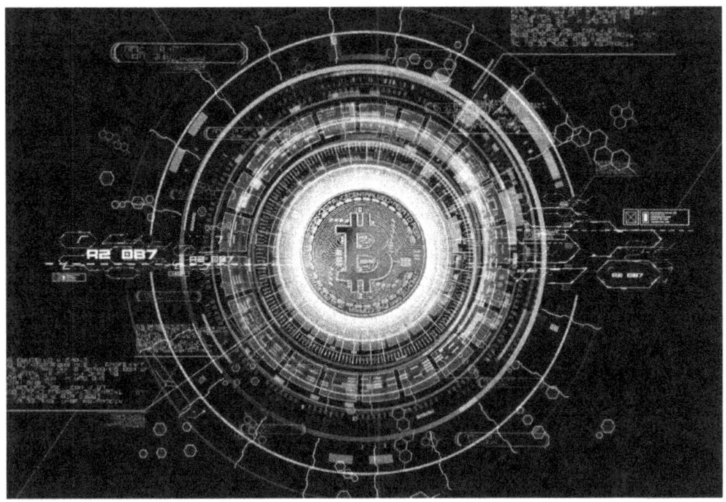

Dans le monde interconnecté d'aujourd'hui, la confiance et la transparence sont cruciales dans de nombreux secteurs, de la finance à la gestion de la chaîne d'approvisionnement. Les systèmes centralisés traditionnels constituent depuis longtemps l'épine dorsale de ces procédures, mais ils présentent souvent des vulnérabilités, un manque de transparence et une dépendance à l'égard d'intermédiaires. Entrez dans la technologie blockchain, avec son concept révolutionnaire de technologie de grand livre distribué (DLT). Dans cette section, nous explorerons les subtilités du DLT de la blockchain, ses principes sous-jacents et son potentiel à transformer les industries en fournissant un cadre immuable, transparent et décentralisé pour l'enregistrement et la vérification des transactions.

Le grand livre distribué est au cœur de la technologie blockchain. Il fait référence à une base de données numérique partagée et synchronisée sur plusieurs nœuds d'un réseau. Contrairement aux registres centralisés traditionnels, où une seule entité maintient le contrôle, un registre distribué est décentralisé et fonctionne selon un mécanisme de consensus. Il garantit que tous les participants ont accès à une copie identique du grand livre, favorisant ainsi la confiance, la transparence et l'intégrité des données.

L'une des caractéristiques fondamentales d'un registre distribué dans la blockchain est son immuabilité. Une fois qu'une transaction est enregistrée dans le grand livre, il devient presque impossible de la modifier ou de la falsifier. Ceci est réalisé grâce au hachage cryptographique, où chaque transaction se voit attribuer une signature numérique unique. Au fur et à mesure que les transactions suivantes sont ajoutées, elles sont liées entre elles dans un ordre chronologique, formant une structure à ajouter uniquement. Cela garantit que l'ensemble de l'historique des transactions est visible de manière transparente et résistant aux modifications non autorisées.

Les mécanismes de consensus jouent un rôle essentiel dans le maintien de l'intégrité et de la synchronisation des registres distribués. Il s'agit d'algorithmes ou de protocoles qui permettent aux participants du réseau de se mettre d'accord sur la validité des transactions et sur l'ordre dans lequel elles sont ajoutées au grand livre. Il existe divers mécanismes de consensus, tels que la preuve de travail (PoW), la preuve d'enjeu (PoS) et la tolérance aux pannes byzantine pratique (PBFT). Chaque mécanisme a ses forces et ses faiblesses, offrant différents compromis en termes de sécurité, d'évolutivité et d'efficacité énergétique.

La technologie du grand livre distribué apporte une transparence inégalée aux transactions et aux enregistrements de données. Étant donné que tous les participants ont accès au même grand livre, ils peuvent vérifier indépendamment l'authenticité des transactions, éliminant ainsi le besoin d'une confiance aveugle envers les intermédiaires. Cette transparence favorise la responsabilité et réduit le risque d'activités frauduleuses, car toute anomalie ou transaction suspecte peut être facilement identifiée et faire l'objet d'une enquête.

L'immuabilité des registres distribués garantit l'intégrité et la sécurité des transactions enregistrées. Il est très impossible pour des acteurs malveillants de modifier ou de falsifier les données une fois qu'une transaction a été authentifiée et ajoutée au grand livre. En conséquence, la blockchain est mise à jour en permanence avec toutes les transactions légitimes. De plus, les techniques cryptographiques, telles que les signatures numériques et les fonctions de hachage, offrent une protection solide contre les accès non autorisés et garantissent l'authenticité et l'intégrité des transactions.

Les systèmes centralisés traditionnels sont sensibles à des points de défaillance et des vulnérabilités uniques. En revanche, les registres distribués fonctionnent sur un réseau décentralisé de nœuds, où aucune entité ne contrôle l'ensemble du système. Cette décentralisation améliore la résilience du système contre les attaques et les pannes. Même si certains nœuds échouent ou sont compromis, les nœuds restants continuent de maintenir et de valider le grand livre, garantissant ainsi la disponibilité et la fiabilité des données.

La technologie du grand livre distribué a le potentiel de rationaliser les processus et de réduire les coûts opérationnels. En éliminant les intermédiaires et le besoin d'un rapprochement manuel approfondi, les transactions peuvent être exécutées directement entre les parties, réduisant ainsi le temps, la paperasse et les frais associés. De plus, l'automatisation et la programmabilité des contrats intelligents, qui s'appuient sur des registres distribués, permettent des accords auto-exécutables avec des règles et des conditions prédéfinies, améliorant encore l'efficacité et réduisant les frais administratifs.

Le secteur financier a rapidement adopté le DLT de la blockchain, exploitant ainsi son potentiel pour révolutionner les processus bancaires traditionnels. Les registres distribués facilitent un commerce international plus rapide et plus sécurisé, simplifient les procédures de connaissance du client (KYC) et offrent une piste d'audit claire pour la conformité légale. De plus, les crypto-monnaies basées sur la blockchain, telles que Bitcoin et Ethereum, sont devenues des actifs numériques alternatifs, offrant des transactions décentralisées peer-to-peer sans avoir recours à des intermédiaires.

Les chaînes d'approvisionnement sont des réseaux complexes impliquant plusieurs parties prenantes, notamment les fabricants, les fournisseurs, les distributeurs et les détaillants. Le DLT de Blockchain offre une visibilité et une traçabilité de bout en bout, permettant le suivi en temps réel des marchandises, vérifiant leur origine et leur authenticité et garantissant le respect des normes de qualité. Cela améliore l'efficacité de la chaîne d'approvisionnement, réduit la contrefaçon et améliore la confiance entre les participants.

Dans le secteur de la santé, la technologie des registres distribués offre le potentiel de résoudre des problèmes critiques liés à la gestion des données des patients, à l'interopérabilité et à la confidentialité. En enregistrant et en partageant en toute sécurité les dossiers médicaux sur un registre décentralisé, les prestataires de soins de santé peuvent améliorer l'accessibilité des données, rationaliser les processus de soins de santé et améliorer la gestion de la confidentialité et du consentement des patients. Le DLT de Blockchain permet également un partage sécurisé des données de recherche, conduisant à des découvertes et percées médicales accélérées.

Les systèmes traditionnels de gestion des identités sont fragmentés, sensibles aux violations de données et manquent de contrôle entre les mains des individus. Les registres distribués offrent une solution d'identité autonome, permettant aux individus de posséder et de contrôler leurs données personnelles. En enregistrant les transactions et les attributs liés à l'identité sur une blockchain, les individus peuvent gérer et partager leur identité en toute sécurité, réduisant ainsi le risque d'usurpation d'identité et de fraude.

Le DLT de Blockchain a le potentiel de révolutionner les systèmes de vote, en abordant des problèmes tels que la fraude électorale, la falsification et le manque de transparence. En enregistrant les votes sur un registre distribué, les élections peuvent devenir plus transparentes, vérifiables et résistantes à la manipulation. De plus, les systèmes de vote basés sur la blockchain peuvent permettre un vote à distance sécurisé, augmentant ainsi l'accessibilité et la participation tout en préservant l'intégrité du processus électoral.

Si le DLT de la blockchain offre de nombreux avantages, l'évolutivité reste un défi de taille. À mesure que le nombre de transactions et de participants dans un réseau augmente, le débit et la vitesse du système peuvent être affectés. Diverses solutions d'évolutivité, telles que le partitionnement, les protocoles de couche 2 et les avancées dans les mécanismes de consensus, sont à l'étude pour relever ce défi et permettre une adoption généralisée.

L'interopérabilité entre les différentes plates-formes et systèmes blockchain est cruciale pour réaliser tout le potentiel de la technologie des registres distribués. Actuellement, le manque de protocoles standardisés et de compatibilité limite l'intégration transparente et l'échange de données entre les différents réseaux blockchain. Des efforts sont en cours pour développer des solutions d'interopérabilité et combler le fossé entre les écosystèmes blockchain disparates.

Le paysage réglementaire entourant le DLT de la blockchain est toujours en évolution. Des cadres juridiques doivent être établis pour répondre aux préoccupations liées à la confidentialité des données, aux droits de propriété intellectuelle, à la protection des consommateurs et à la lutte contre le blanchiment d'argent. Les gouvernements et les organismes de réglementation travaillent activement pour créer un environnement propice qui équilibre l'innovation, la sécurité et la conformité.

Le DLT de Blockchain est une technologie complexe qui nécessite une solide compréhension pour libérer tout son potentiel. Les initiatives d'éducation et de sensibilisation sont essentielles pour combler le déficit de connaissances et faciliter une adoption généralisée. Alors que la blockchain devient de plus en plus courante, les efforts visant à informer les individus, les entreprises et les décideurs politiques sur ses avantages, ses cas d'utilisation et les meilleures pratiques de mise en œuvre sont cruciaux pour son succès à long terme.

Cryptographie et sécurité

Alors que les violations de données et les cybermenaces sont de plus en plus courantes à l'ère numérique, il est crucial de garantir la sécurité et l'intégrité des actifs numériques. Grâce à son utilisation inventive du cryptage, la technologie blockchain est devenue un outil puissant pour surmonter ces problèmes et assurer une sécurité renforcée. Cette section explore les nuances de la cryptographie blockchain et comment elle fonctionne pour protéger les données, sécuriser les transactions et favoriser la confiance dans les systèmes distribués.

L'élément fondamental de la technologie Blockchain pour la sécurité et la confidentialité est la cryptographie. La sécurité de l'information est la science du cryptage et du déchiffrement des données pour empêcher tout accès non autorisé. La blockchain utilise un certain nombre de techniques cryptographiques pour protéger les transactions, vérifier les identités et garantir l'exactitude des données qui y sont stockées.

Les fonctions de hachage sont un élément crucial de la cryptographie de la blockchain. Ce sont des formules mathématiques qui acceptent des données d'entrée de n'importe quelle taille et génèrent un hachage ou une sortie de taille fixe. Les fonctions de hachage sont des fonctions à sens unique, ce qui signifie qu'il est informatiquement impossible de dériver l'entrée d'origine du hachage. Cette propriété garantit l'intégrité des données sur la blockchain, car même un petit changement dans les données d'entrée entraînerait une valeur de hachage complètement différente.

Afin de confirmer la légitimité et l'intégrité des transactions sur la blockchain, les signatures numériques sont essentielles. Ils sont créés à l'aide d'une cryptographie asymétrique, dans laquelle un utilisateur possède une clé privée et une clé publique correspondante. La clé privée est utilisée pour signer la transaction, générant une signature numérique unique qui ne peut être vérifiée qu'à l'aide de la clé publique correspondante. Les signatures numériques assurent la non-répudiation, garantissant qu'une transaction ne peut pas être refusée ou modifiée une fois signée.

La cryptographie asymétrique, communément appelée cryptographie à clé publique, est un type de cryptage qui utilise deux jeux de clés : l'un est la clé publique et le second est la clé privée. La clé publique est ouvertement partagée et utilisée pour le chiffrement, tandis que la clé privée est gardée secrète et utilisée pour le décryptage. La cryptographie à clé publique permet une communication et un échange de données sécurisés dans un environnement décentralisé, car elle permet aux participants de chiffrer les communications à l'aide de la clé publique du destinataire, qui ne peut être déchiffrée qu'avec la clé privée associée.

L'utilisation de la cryptographie par la blockchain offre des propriétés inviolables, garantissant que les données stockées sur la blockchain restent inchangées et sécurisées. L'immuabilité des fonctions de hachage et la structure de la blockchain à ajouter uniquement empêchent les acteurs malveillants de falsifier les transactions précédemment enregistrées. Toute tentative de modification ou de falsification entraînerait une inadéquation entre le hachage calculé et la valeur de hachage stockée, alertant le réseau de l'activité malveillante.

La technologie Blockchain répond au besoin de confidentialité grâce à des techniques cryptographiques. Bien que la blockchain sous-jacente soit transparente et visible pour tous les participants, les informations sensibles peuvent être protégées à l'aide de méthodes de cryptage. Par exemple, les données privées peuvent être cryptées avant d'être stockées sur la blockchain, garantissant ainsi que seules les parties autorisées disposant des clés de décryptage nécessaires peuvent accéder aux informations.

La cryptographie assure la sécurité de la vérification des transactions sur la blockchain.

En utilisant des signatures numériques, les participants peuvent vérifier l'authenticité des transactions sans révéler leurs clés privées. Chaque transaction est signée avec la clé privée de l'expéditeur et peut être vérifiée à l'aide de la clé publique correspondante. Ce processus élimine le besoin d'intermédiaires et favorise la confiance dans le réseau décentralisé.

Des mécanismes de consensus tels que Practical Byzantine Fault Tolerance (PBFT) et Proof of Work (PoW) contribuent à la sécurité des réseaux blockchain. Dans PoW, le processus de résolution d'énigmes cryptographiques nécessite une puissance de calcul importante, ce qui rend extrêmement difficile la manipulation du consensus par des acteurs malveillants. PBFT, quant à lui, s'appuie sur des algorithmes byzantins de tolérance aux pannes, qui garantissent que le réseau peut tolérer un certain pourcentage de nœuds défectueux ou malveillants sans compromettre la sécurité et la validité des transactions.

Les arbres Merkle, également appelés arbres de hachage, sont des structures de données cryptographiques utilisées dans la blockchain pour vérifier efficacement l'intégrité de grands ensembles de données. Les arbres Merkle permettent une vérification efficace de l'intégrité d'une transaction en vérifiant seulement une petite partie des données, connue sous le nom de preuve Merkle. Cette approche réduit la charge de calcul et améliore l'évolutivité des réseaux blockchain.

Les preuves sans connaissance sont des méthodes cryptographiques qui permettent à une partie (le prouveur) de démontrer à une autre partie (le vérificateur) l'authenticité d'une déclaration sans divulguer d'informations supplémentaires. Les preuves sans connaissance ont le potentiel d'améliorer la confidentialité sur la blockchain, permettant aux participants de valider l'exactitude des transactions ou des données sans divulguer de détails sensibles.

Une méthode cryptographique complexe appelée cryptage homomorphe permet d'effectuer des calculs sur des données cryptées sans avoir à les déchiffrer au préalable. Cette propriété permet un calcul et une analyse sécurisés des données sur les données blockchain cryptées, préservant ainsi la confidentialité des informations sensibles. Le chiffrement homomorphe présente un grand potentiel pour les applications blockchain dans des secteurs où la confidentialité des données est primordiale, comme les soins de santé et les services financiers.

L'informatique quantique constitue une menace potentielle pour la sécurité des algorithmes cryptographiques traditionnels utilisés dans la blockchain. À mesure que les ordinateurs quantiques deviennent plus puissants, ils peuvent briser les algorithmes de chiffrement qui sécurisent les réseaux blockchain. Pour relever ce défi, des recherches sont en cours pour développer des algorithmes cryptographiques résistants aux quantiques, capables de résister aux attaques des ordinateurs quantiques, garantissant ainsi la sécurité à long terme des systèmes blockchain.

Une gestion efficace des clés est cruciale pour maintenir la sécurité des réseaux blockchain. Les clés privées doivent être stockées en toute sécurité et protégées contre tout accès non autorisé. Des portefeuilles matériels, des systèmes multi-signatures et des solutions de stockage sécurisées de clés sont utilisés pour atténuer le risque de vol ou de compromission de clés. De plus, des mécanismes de révocation et de rotation des clés garantissent la sécurité continue des systèmes blockchain.

Même si la cryptographie offre des mesures de sécurité robustes, l'élément humain reste un point vulnérable dans les systèmes blockchain. Les attaques d'ingénierie sociale, telles que le phishing ou l'usurpation d'identité, peuvent exploiter la confiance humaine et compromettre des clés privées ou des informations sensibles. Éduquer les utilisateurs sur les meilleures pratiques en matière de sécurité, promouvoir des mécanismes d'authentification forts et sensibiliser aux risques potentiels sont essentiels à la protection des systèmes blockchain.

Mécanismes de consensus

Le principe fondamental de décentralisation de la technologie Blockchain permet aux transactions d'être transparentes et résistantes sans recourir à des intermédiaires. Cependant, un réseau décentralisé rend plus difficile l'accord sur la légitimité et l'ordre chronologique des transactions. Afin de résoudre ce problème, les mécanismes de consensus de la blockchain créent un système dans lequel les utilisateurs peuvent tous se mettre d'accord sur l'état actuel du grand livre. Les mécanismes de consensus complexes utilisés par les blockchains, leur importance pour gagner la confiance et l'accord, ainsi que les nombreux algorithmes et techniques utilisés pour protéger les réseaux décentralisés sont tous explorés dans cette section.

Dans le contexte de la blockchain, le consensus fait référence au processus consistant à parvenir à un accord entre les utilisateurs d'un réseau décentralisé sur la légitimité et le séquencement des transactions. Les méthodes de consensus garantissent que chacun a une compréhension commune du statut de la blockchain, favorisant ainsi la confiance et préservant la fiabilité du grand livre distribué.

Dans les systèmes centralisés, une autorité centrale fiable, telle qu'une banque ou une agence gouvernementale, est utilisée pour parvenir à un consensus. Les réseaux décentralisés manquent toutefois d'une autorité centralisée pour imposer le consensus. Les techniques de consensus donnent aux utilisateurs un moyen de s'entendre sur l'état de la blockchain sans dépendre d'une seule autorité. Grâce au consensus distribué, les acteurs malveillants sont empêchés de contrôler le réseau et des transactions sans confiance sont rendues possibles.

La preuve de travail est le premier et le plus connu mécanisme de consensus introduit par Bitcoin. Dans PoW, les participants au réseau, appelés mineurs, s'affrontent pour résoudre un casse-tête nécessitant beaucoup de calculs. Le premier mineur à trouver la solution est récompensé et ajoute un nouveau bloc à la blockchain. PoW nécessite une quantité importante de puissance de calcul, ce qui rend difficile le contrôle du réseau par des acteurs malveillants. Cependant, il est gourmand en énergie et peut souffrir de limitations d'évolutivité.

Proof of Stake est un mécanisme de consensus alternatif qui vise à résoudre les problèmes de consommation d'énergie et d'évolutivité du PoW. Avec PoS, les utilisateurs peuvent ajouter de nouveaux blocs au réseau et approuver les transactions en fonction du nombre de pièces qu'ils possèdent ou ont mises dans le système. Les validateurs sont choisis en fonction de leur mise, et leurs chances d'être sélectionnés

augmentent avec la quantité de crypto-monnaies qu'ils détiennent. Le PoS est
économe en énergie mais introduit de nouveaux défis liés à la répartition initiale des
richesses et au potentiel de centralisation des enjeux.

Une variante du PoS, connue sous le nom de Delegated Proof of Stake, introduit un
système basé sur le vote pour sélectionner un nombre limité de délégués ou de
producteurs de blocs qui valident les transactions et créent de nouveaux blocs. Ces
délégués sont élus par les acteurs du réseau et produisent à tour de rôle des blocs dans
un ordre déterministe. DPoS vise à accélérer les délais de confirmation des blocs et à
assurer une évolutivité en s'appuyant sur un ensemble plus restreint de délégués de
confiance. Cependant, il peut souffrir de préoccupations liées à la centralisation et à la
concentration des voix.

La tolérance pratique aux pannes byzantines est un mécanisme de consensus qui vise à
parvenir à un accord en présence de failles byzantines, où les nœuds peuvent présenter
un comportement arbitraire, y compris des actions malveillantes. PBFT garantit
qu'une majorité de nœuds s'accordent sur l'ordre des transactions grâce à un processus
de vote à plusieurs tours. Il offre une finalité de transaction rapide et est largement
utilisé dans les réseaux blockchain autorisés. Cependant, il peut présenter des limites
en termes d'évolutivité et de taille du réseau.

Un petit groupe de nœuds de confiance sont appelés validateurs ou autorités dans la
méthode consensuelle Proof of Authority, qu'ils utilisent pour vérifier les transactions
et créer de nouveaux blocs. Les validateurs sont généralement des entités ou des
individus réputés qui agissent dans le meilleur intérêt du réseau. PoA offre un débit
élevé, une faible latence et une finalité de transaction efficace. Cependant, cela sacrifie
la décentralisation et introduit une dépendance à l'égard d'autorités de confiance.

Le problème des généraux byzantins est un problème théorique qui met en évidence
les défis liés à la réalisation d'un consensus dans un réseau distribué où certains nœuds
peuvent présenter des failles byzantines. Les fautes byzantines font référence à des
nœuds qui peuvent se comporter de manière arbitraire, notamment en diffusant de
fausses informations ou en tentant de perturber le consensus. Les algorithmes
Byzantine Fault Tolerance (BFT) visent à résoudre ce problème et à permettre un
consensus même en présence de tels nœuds défectueux.

PBFT est l'un des algorithmes BFT les plus connus. Il utilise un processus de vote à
plusieurs tours pour parvenir à un accord sur l'ordre des transactions. Les nœuds

appelés réplicas reçoivent les demandes des clients, les propagent à d'autres réplicas et conviennent collectivement de l'ordre des demandes au travers d'une série de tours. PBFT offre un caractère définitif des transactions, un consensus rapide et une résilience contre les comportements malveillants. Cependant, cela nécessite un ensemble prédéfini de participants et peut souffrir de limitations d'évolutivité.

Tendermint est un algorithme de consensus BFT conçu pour les réseaux blockchain autorisés. Il utilise un processus déterministe de tournoi circulaire pour sélectionner un proposant de bloc qui crée un bloc et l'envoie à d'autres validateurs pour vote. Le consensus est atteint lorsque les deux tiers des validateurs s'accordent sur un bloc. Tendermint offre des temps de confirmation de bloc rapides, un débit élevé et une tolérance aux pannes byzantine. Il est utilisé dans divers projets blockchain et offre un équilibre entre performances et sécurité.

Les blockchains publiques, telles que Bitcoin et Ethereum, s'appuient sur des mécanismes de consensus pour permettre des transactions sécurisées et décentralisées. Le choix du mécanisme de consensus affecte les caractéristiques de la blockchain, notamment le caractère définitif des transactions, l'évolutivité, l'efficacité énergétique et la décentralisation. PoW a été largement adopté dans les blockchains publiques, assurant la sécurité mais souffrant de problèmes d'évolutivité. Les mécanismes basés sur PoS, tels que la transition prochaine l'Ethereum vers Ethereum 2.0, visent à remédier à ces limitations.

Les blockchains privées et de consortium ont souvent des exigences différentes de celles des blockchains publiques. Ils opèrent dans un environnement plus contrôlé avec des participants connus et peuvent donner la priorité à l'évolutivité, à la confidentialité et à l'efficacité. Les mécanismes de consensus tels que PoA et PBFT sont couramment utilisés dans les blockchains privées et de consortium, offrant une finalité de transaction plus rapide, une faible latence et une participation contrôlée. Ces mécanismes sont particulièrement adaptés aux applications d'entreprise, à la gestion de la chaîne d'approvisionnement et aux réseaux basés sur des consortiums. L'évolutivité reste un défi important pour les mécanismes de consensus blockchain. À mesure que le nombre de transactions et de participants au réseau augmente, les délais de traitement et de confirmation peuvent être affectés. Diverses approches, telles que le partitionnement, les solutions de couche 2 et les progrès des algorithmes de consensus, sont explorées pour relever les défis d'évolutivité et permettre l'adoption généralisée de la technologie blockchain.

Les mécanismes de consensus basés sur la preuve de travail ont été critiqués pour leur consommation d'énergie. Alors que l'impact environnemental de l'exploitation minière à forte intensité énergétique devient une préoccupation, des mécanismes de consensus alternatifs, tels que les algorithmes basés sur PoS et BFT, gagnent du terrain en raison de leurs besoins énergétiques moindres. La recherche et l'innovation futures devraient continuer de donner la priorité aux mécanismes de consensus économes en énergie afin d'atténuer l'empreinte écologique de la technologie blockchain.

L'interopérabilité entre les différents réseaux blockchain et mécanismes de consensus est cruciale pour un échange fluide d'actifs et d'informations. Des efforts de normalisation et des protocoles permettant la communication et l'interopérabilité entre des blockchains hétérogènes sont nécessaires pour libérer tout le potentiel de la technologie blockchain. Cela comprend l'établissement de cadres d'interopérabilité consensuels et la facilitation des transactions inter-chaînes.

Contrats intelligents

La manière dont les transactions sont effectuées et enregistrées a subi un changement fondamental grâce à la technologie blockchain. Les contrats auto-exécutables codés sur la blockchain sont à l'avant-garde de ce changement. Les contrats intelligents offrent efficacité, transparence et confiance en ayant la capacité d'automatiser et de rationaliser diverses opérations dans différents secteurs. La complexité des contrats intelligents de la blockchain, ainsi que leurs avantages et effets sur le développement de systèmes décentralisés, sont examinés dans cette section.

Sur une blockchain, les contrats intelligents sont des accords auto-exécutoires avec des termes et conditions prédéterminés. Sans recours à des intermédiaires, ces contrats exécutent et respectent automatiquement les conditions convenues. Dans un environnement décentralisé, les contrats intelligents utilisent des concepts de code, de logique et de cryptographie pour fournir des transactions sécurisées et sans confiance.

Les contrats intelligents sont souvent décrits comme étant complets de Turing, ce qui signifie qu'ils peuvent exécuter n'importe quelle fonction calculable avec suffisamment de temps et de ressources. Cette flexibilité permet aux contrats intelligents de gérer un large éventail d'applications, des transactions simples aux accords multipartites complexes et aux applications décentralisées (DApps).

Les contrats intelligents automatisent l'exécution des transactions, éliminant le besoin d'intermédiaires et d'interventions manuelles. En codant les termes et conditions d'un accord dans le code, les parties peuvent être sûres que le contrat sera exécuté exactement comme prévu. Cette automatisation réduit les coûts, rationalise les processus et élimine le risque d'erreur humaine ou de biais.

Les contrats intelligents permettent la programmabilité, permettant aux développeurs d'incorporer une logique conditionnelle et des flux de travail complexes. Ces contrats peuvent inclure des déclarations si-alors, des déclencheurs temporels, des exigences de signatures multiples et d'autres clauses conditionnelles. Cette programmabilité permet aux utilisateurs de créer des règles métier personnalisées, permettant ainsi des accords plus avancés et personnalisés.

Les contrats intelligents fonctionnent de manière décentralisée sur la blockchain, éliminant le besoin d'intermédiaires et d'autorités centralisées. Les mécanismes de consensus et les protocoles cryptographiques qui sous-tendent la blockchain garantissent que les termes du contrat intelligent sont appliqués de manière transparente et sans compter sur un seul point de défaillance. Cette nature décentralisée favorise la confiance entre les parties, car les transactions sont vérifiables et ne peuvent être modifiées sans consensus.

Les contrats intelligents ont des applications importantes dans les services financiers, comme la facilitation des prêts peer-to-peer, les réclamations d'assurance et les échanges décentralisés. Ils permettent l'exécution automatique des paiements, le calcul des intérêts et les processus de règlement, réduisant ainsi les retards et les erreurs humaines. Les contrats intelligents améliorent également la transparence financière et l'audit, car l'historique des transactions est enregistré sur la blockchain.

Dans la gestion de la chaîne d'approvisionnement, les contrats intelligents améliorent la transparence, la traçabilité et l'efficacité. Ils permettent un suivi automatisé des marchandises, une vérification de l'authenticité des produits et une visibilité en temps réel sur la chaîne d'approvisionnement. Les contrats intelligents rationalisent les processus tels que les bons de commande, la vérification des livraisons et les règlements des paiements, réduisant ainsi la paperasse et les litiges entre les parties prenantes.

Les contrats intelligents ont le potentiel de transformer les soins de santé en améliorant la sécurité des données, l'interopérabilité et les soins centrés sur le patient. Ils permettent le stockage et le partage sécurisés des dossiers médicaux, la gestion des consentements et le traitement automatisé des réclamations d'assurance. Les contrats intelligents peuvent faciliter un échange transparent de données entre les prestataires de soins de santé, améliorant ainsi la coordination des traitements et réduisant les erreurs médicales.

Les contrats intelligents peuvent révolutionner la gestion des droits de propriété intellectuelle. En codant les accords de licence et les conditions de droits d'auteur dans des contrats intelligents, les créateurs peuvent automatiquement faire valoir leurs droits, recevoir des redevances et suivre leur utilisation. Cette automatisation réduit le besoin d'intermédiaires dans l'application des droits d'auteur, offrant ainsi aux artistes et aux créateurs plus de contrôle et de transparence sur leur propriété intellectuelle.

Les contrats intelligents peuvent améliorer les processus de gouvernance en automatisant les systèmes de vote et la prise de décision. Ils permettent des élections sûres et transparentes, garantissant l'intégrité du processus de vote. Les contrats intelligents peuvent également faciliter les modèles de gouvernance décentralisés, dans lesquels les parties prenantes peuvent participer à la prise de décision via des mécanismes de vote codés dans les contrats.

Les contrats intelligents sont sensibles aux vulnérabilités et aux bugs dans leur code. Un audit et des tests de code inadéquats peuvent entraîner des failles de sécurité et des pertes financières. Des examens approfondis du code, des audits tiers et des processus de tests rigoureux sont cruciaux pour atténuer ces risques et garantir la fiabilité des contrats intelligents.

Le paysage juridique et réglementaire entourant les contrats intelligents continue d'évoluer. Les cadres juridiques traditionnels peuvent ne pas prendre pleinement en compte les aspects uniques des contrats intelligents, tels que l'auto-exécution et l'immuabilité. Des éclaircissements sont nécessaires concernant l'applicabilité des contrats, la résolution des litiges et la responsabilité dans les transactions de contrats intelligents. Les experts juridiques et les décideurs politiques doivent s'efforcer d'adapter les lois existantes ou d'en élaborer de nouvelles pour répondre à ces considérations.

Les contrats intelligents nécessitent souvent des données externes pour déclencher ou valider leur exécution. Les oracles servent de ponts entre la blockchain et les sources de données externes. Cependant, garantir la fiabilité et la sécurité des oracles est crucial, car ils introduisent des vulnérabilités et des points de défaillance potentiels. L'intégration d'oracles fiables et la conception de mécanismes robustes de vérification des données sont essentielles pour maintenir l'intégrité des opérations de contrats intellig ents.

À mesure que la technologie blockchain évolue, des solutions de mise à l'échelle de couche 2 sont développées pour répondre aux limites d'évolutivité des contrats intelligents. Ces solutions visent à améliorer le débit des transactions et à réduire les frais en traitant certains calculs hors chaîne tout en garantissant la sécurité et la confiance du règlement en chaîne.

L'interopérabilité entre les différentes plateformes blockchain et langages de contrats intelligents constitue un défi de taille. Des efforts sont en cours pour développer des protocoles et des normes d'interopérabilité permettant aux contrats intelligents d'interagir de manière transparente sur des réseaux blockchain hétérogènes. Ces initiatives visent à libérer tout le potentiel des contrats intelligents en permettant l'interopérabilité et la collaboration entre les chaînes.

La confidentialité est une préoccupation constante dans les systèmes blockchain, en particulier lors de l'exécution de contrats intelligents. Des innovations telles que les preuves sans connaissance et les techniques de préservation de la vie privée sont à l'étude pour permettre une exécution sécurisée et privée de contrats intelligents tout en préservant la confidentialité des données sensibles.

Chapitre II : Comprendre la décentralisation

Systèmes centralisés ou décentralisés

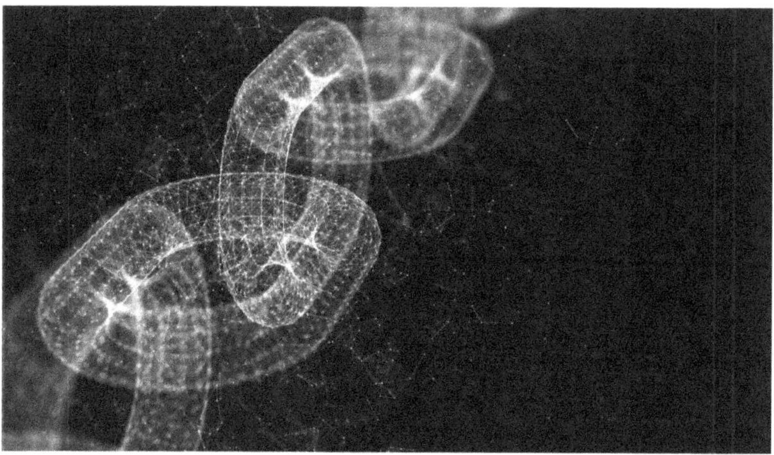

L'efficacité, la sécurité et la gouvernance des systèmes sont fortement influencées par leur conception et leur structure organisationnelle dans l'environnement numérique actuel. Les systèmes avec gestion centralisée et décentralisée des données, des services et de la prise de décision représentent deux paradigmes d'organisation et de gestion opposés. Cette section compare les structures de gouvernance, les considérations de sécurité et la résilience aux pannes des systèmes centralisés et décentralisés afin d'examiner leurs caractéristiques, avantages et inconvénients.

La structure hiérarchique des systèmes centralisés se caractérise par la concentration du contrôle, du stockage des données et du pouvoir décisionnel dans une seule organisation centrale ou un petit groupe d'entités centrales. Ces organisations contrôlent le système en choisissant les options et en allouant les ressources au nom des utilisateurs. Les gouvernements traditionnels, les institutions financières et les bases de données centralisées ne sont que quelques exemples de systèmes centralisés. Une autorité centrale ou un groupe limité de personnes prennent des décisions dans des systèmes centralisés, qui reposent sur une approche de gouvernance descendante.

Les lignes directrices, les directives et la répartition des ressources du système sont fixées par cette autorité. Bien que cette méthode puisse conduire à une prise de décision efficace et à une responsabilité transparente, elle concentre également le pouvoir et l'autorité décisionnelle entre les mains d'un petit nombre de personnes, ce qui peut entraîner des problèmes de transparence, de corruption et de participation limitée.

Les systèmes centralisés mettent souvent en œuvre des mesures de sécurité pour protéger les données et les ressources. Ils peuvent utiliser des pare-feu, des contrôles d'accès et un cryptage pour protéger les informations. Cependant, la concentration des données et du pouvoir décisionnel au sein d'une entité centrale crée un point de défaillance unique. Si l'entité centrale est compromise, l'ensemble du système devient vulnérable aux attaques, violations de données ou manipulations. De plus, les systèmes centralisés peuvent souffrir d'un manque de transparence, dans la mesure où les participants doivent faire confiance à l'autorité centrale sans vérifier de manière indépendante l'intégrité du système.

Les systèmes centralisés offrent généralement une grande évolutivité, car la prise de décision et l'allocation des ressources peuvent être coordonnées et exécutées efficacement. Cependant, ils sont plus susceptibles aux pannes et aux perturbations. Un point de défaillance unique ou un goulot d'étranglement dans le système peut entraîner des interruptions de service ou des pannes en cascade qui affectent l'ensemble du système. Les défis d'évolutivité et de résilience sont souvent résolus grâce à une infrastructure redondante, des systèmes de sauvegarde et des plans de reprise après sinistre.

Les systèmes décentralisés distribuent le pouvoir de décision, le contrôle et les données entre plusieurs entités ou participants d'un réseau. Ces systèmes fonctionnent sur un modèle peer-to-peer (P2P), dans lequel les participants interagissent directement sans avoir recours à des intermédiaires. Des exemples de systèmes décentralisés incluent les réseaux blockchain, le partage de fichiers peer-to-peer et les plateformes de finance décentralisée (DéFi).

Les systèmes décentralisés mettent en œuvre un modèle de gouvernance distribué, dans lequel le pouvoir décisionnel est partagé entre les participants. Les mécanismes de consensus, tels que les algorithmes de vote ou de consensus, permettent aux participants de prendre collectivement des décisions qui affectent le système. Cette approche favorise l'inclusivité, la transparence et la responsabilité, car les participants ont leur mot à dire sur les règles, les protocoles et l'orientation du système. Cependant, la gouvernance décentralisée peut être plus lente et plus complexe, nécessitant un consensus entre un plus grand nombre de participants.

Les systèmes décentralisés utilisent des techniques cryptographiques, des mécanismes de consensus et des protocoles transparents pour améliorer la sécurité. Dans les systèmes décentralisés basés sur la blockchain, le hachage cryptographique, les signatures numériques et les algorithmes de consensus garantissent l'intégrité des données et l'authenticité des transactions. La nature distribuée du système réduit également le risque d'un point de défaillance unique. Les attaques ou les compromissions nécessitent une puissance de calcul et une coordination importantes pour manipuler l'ensemble du réseau, rendant les systèmes décentralisés plus résistants aux acteurs malveillants.

Les systèmes décentralisés offrent une résilience et une tolérance aux pannes inhérentes en raison de leur nature distribuée. Même si certains participants échouent ou quittent le réseau, le système peut continuer à fonctionner sans interruption. Cette résilience rend les systèmes décentralisés plus résistants aux pannes, à la censure et aux attaques. Cependant, parvenir à l'évolutivité des systèmes décentralisés peut s'avérer difficile. Les algorithmes de consensus et les limitations du réseau peuvent imposer des contraintes sur le débit et la vitesse de traitement des transactions. La recherche en cours et les progrès technologiques répondent à ces défis d'évolutivité dans les systèmes décentralisés.

Les systèmes centralisés fournissent une chaîne de commandement et un pouvoir décisionnel clairs, permettant une prise de décision et une allocation des ressources efficaces. Cependant, cette centralisation de l'autorité peut entraîner des problèmes tels qu'un manque de responsabilité, une implication limitée et un manque de transparence. Les systèmes décentralisés, en revanche, répartissent la gouvernance entre les participants, favorisant ainsi l'inclusivité et la transparence. Même si la gouvernance décentralisée peut être plus lente et nécessite un consensus, elle offre une approche plus démocratique et participative de la prise de décision.
Les systèmes centralisés peuvent mettre en œuvre des mesures de sécurité robustes pour protéger les données et les ressources. Cependant, leur nature centralisée crée un point de défaillance unique, les rendant vulnérables aux attaques, violations ou

manipulations. Les systèmes décentralisés utilisent des protocoles cryptographiques, des mécanismes de consensus et des protocoles transparents pour améliorer la sécurité et se protéger contre les attaques. La nature distribuée des systèmes décentralisés les rend plus résistants aux attaques et réduit la confiance dans une seule entité.

Les systèmes centralisés offrent une grande évolutivité et une allocation efficace des ressources. Cependant, ils sont plus susceptibles aux échecs et aux perturbations en raison de la concentration des ressources et du pouvoir décisionnel. Les systèmes décentralisés offrent une résilience et une tolérance aux pannes inhérentes, permettant au système de continuer à fonctionner même si des participants individuels tombent en panne ou quittent le réseau. Cependant, parvenir à l'évolutivité dans les systèmes décentralisés peut s'avérer difficile en raison des mécanismes de consensus et des limites du réseau.

La technologie Blockchain est devenue un exemple frappant de systèmes

décentralisés.

En utilisant des registres distribués, des mécanismes de consensus et des techniques cryptographiques, la blockchain fournit une plateforme transparente, sécurisée et décentralisée pour diverses applications. La nature décentralisée de la blockchain favorise la confiance, la sécurité et la résilience tout en fournissant potentiellement des solutions aux problèmes auxquels les systèmes centralisés sont confrontés. Cependant, l'évolutivité des réseaux blockchain et les compromis entre décentralisation et efficacité restent des domaines de recherche et de développement actifs.

Les approches hybrides combinent des éléments de systèmes centralisés et décentralisés. Ces approches visent à tirer parti des avantages des deux modèles tout en atténuant leurs inconvénients. Par exemple, le cloud computing hybride combine l'évolutivité et l'efficacité d'une infrastructure cloud centralisée avec la sécurité et le contrôle supplémentaires des solutions décentralisées sur site ou de cloud privé. Les modèles hybrides peuvent offrir flexibilité, personnalisation et allocation optimisée des ressources en fonction d'exigences spécifiques.

Réseaux décentralisés et architecture peer-to-peer

À l'ère du numérique, où l'échange d'informations et la collaboration font partie intégrante de notre vie quotidienne, la conception et la structure des réseaux jouent un rôle crucial. Les réseaux décentralisés et l'architecture peer-to-peer (P2P) sont devenus de puissantes alternatives aux modèles centralisés traditionnels, offrant une autonomie, une évolutivité et une résilience accrues. Cette section explore les caractéristiques, les avantages et les défis des réseaux décentralisés et de l'architecture P2P, en soulignant leur rôle dans l'autonomisation de la collaboration, la promotion de la confidentialité des données et la promotion de l'innovation.

Les réseaux décentralisés sont des systèmes dans lesquels le contrôle, la prise de décision et les données sont répartis entre plusieurs entités ou nœuds, plutôt que d'être concentrés dans une autorité centrale. Dans les réseaux décentralisés, les participants ont des droits et des responsabilités égaux et collaborent directement les uns avec les autres sans recourir à des intermédiaires. Des exemples de réseaux décentralisés incluent les réseaux blockchain, les systèmes de partage de fichiers et certains réseaux de distribution de contenu.

Les participants peuvent exercer plus d'indépendance et de contrôle sur leurs données et ressources grâce aux réseaux décentralisés. Les données du réseau sont entretenues par chaque participant, qui contribue également à leur stockage et à leur acheminement. Grâce à la capacité des individus à communiquer ouvertement et à partager des connaissances sans dépendre d'une autorité centrale, cette autonomie favorise la collaboration. Parmi les participants, ce paradigme de coopération entre pairs encourage l'inclusion, l'ouverture et la confiance.

Par rapport aux systèmes centralisés, les réseaux décentralisés offrent des avantages en termes d'évolutivité. La capacité du réseau peut croître à mesure que davantage de personnes le rejoignent et y contribuent. Les réseaux décentralisés peuvent exploiter la puissance de calcul et la capacité de stockage combinées de tous les utilisateurs, permettant ainsi une distribution et un traitement efficaces des données. Les réseaux décentralisés peuvent gérer un grand nombre de transactions, de transferts de données et de calculs en raison de leur évolutivité.

La résilience des réseaux décentralisés face aux pannes et aux agressions est l'un de leurs principaux avantages. Dans une architecture décentralisée, il n'existe pas de point de défaillance unique susceptible de faire tomber l'ensemble du réseau. Même si certains nœuds tombent en panne ou sont compromis, le réseau peut continuer à fonctionner, car d'autres nœuds conservent des copies des données. Cette tolérance aux pannes rend les réseaux décentralisés robustes contre les perturbations et les tentatives de censure, garantissant ainsi la disponibilité et l'intégrité des données.

L'architecture peer-to-peer est une forme spécifique d'architecture de réseau décentralisée dans laquelle les nœuds ou les pairs du réseau communiquent et collaborent directement les uns avec les autres, sans dépendre de serveurs centralisés. Chaque nœud d'un réseau P2P agit à la fois comme client et comme serveur, offrant des ressources et des services aux autres nœuds du réseau. Des exemples d'architecture P2P incluent les applications de partage de fichiers, les marchés décentralisés et certaines plateformes de messagerie.

L'architecture P2P facilite le partage et la distribution des ressources entre les participants. Dans un réseau P2P de partage de fichiers, par exemple, les participants peuvent télécharger des fichiers directement depuis les appareils des autres, éliminant ainsi le besoin d'un serveur central. Ce modèle de partage de ressources réduit la dépendance à l'infrastructure centralisée et permet aux participants d'utiliser les ressources collectives du réseau.

L'architecture P2P peut améliorer la confidentialité et la sécurité des données. Étant donné que les données sont distribuées entre plusieurs nœuds, aucune autorité centrale n'a un contrôle total sur les données. Des techniques de cryptage et des protocoles cryptographiques peuvent être utilisés pour garantir la confidentialité et l'intégrité des données transmises entre pairs. De plus, les réseaux P2P peuvent tirer parti de la transparence et de l'immuabilité de la technologie blockchain pour fournir un stockage et une vérification des données inviolables et vérifiables.

Les réseaux P2P ont une architecture de réseau dynamique, permettant aux nœuds de rejoindre ou de quitter à tout moment sans interférer avec la fonctionnalité générale du réseau. Cette propriété d'auto-organisation permet aux réseaux P2P de s'adapter aux changements du réseau, tels que les pannes ou les ajouts de nœuds. Cela permet également l'évolutivité et la résilience du réseau, car les participants peuvent rejoindre ou quitter sans nécessiter de coordination centrale.

L'architecture P2P permet l'informatique collaborative, où les participants peuvent collectivement apporter leurs ressources informatiques pour effectuer des tâches ou des calculs complexes. Les plates-formes informatiques distribuées construites sur une architecture P2P, telles que SETI@home ou Folding@home, exploitent la puissance collective des appareils des participants pour résoudre des problèmes scientifiques ou traiter de grands ensembles de données. Cette approche collaborative de l'informatique offre une puissance de calcul et une évolutivité significatives sans dépendre d'une infrastructure centralisée coûteuse.

Les réseaux P2P révolutionnent le partage de fichiers et la distribution de contenu en permettant aux participants d'échanger directement des fichiers entre eux. Les applications de partage de fichiers peer-to-peer, comme BitTorrent, utilisent la nature distribuée de l'architecture P2P pour améliorer les vitesses de téléchargement, réduire les coûts de bande passante et permettre une disponibilité robuste du contenu. Les réseaux de distribution de contenu (CDN) construits sur les principes P2P peuvent distribuer efficacement le contenu sur le réseau, garantissant une haute disponibilité et réduisant la charge du serveur.

L'architecture P2P peut permettre des plateformes de messagerie et de communication sécurisées et décentralisées. Les applications de messagerie peer-to-peer peuvent chiffrer les messages de bout en bout, garantissant ainsi la confidentialité et empêchant une surveillance centralisée. De plus, les plateformes de communication P2P peuvent exploiter les ressources réseau distribuées pour établir des canaux de communication directs et sécurisés entre les participants, évitant ainsi le recours à des intermédiaires.

L'architecture P2P a ouvert la voie à l'émergence d'applications de finance décentralisée (DéFi). Les plateformes DéFi utilisent des contrats intelligents et la technologie blockchain pour permettre des transactions et des services financiers peer-to-peer, tels que les prêts, les emprunts et les échanges. Ces plateformes éliminent le besoin d'intermédiaires, permettant aux participants d'interagir et d'effectuer des transactions directement les uns avec les autres, offrant ainsi une plus grande inclusion financière et une plus grande transparence.

L'architecture distribuée des réseaux P2P rend difficile l'atteinte de l'évolutivité et de l'efficacité. À mesure que le nombre de participants et les transferts de données augmentent, la congestion et la latence du réseau peuvent devenir des problèmes importants. Une gestion efficace des ressources, des protocoles de routage et des techniques d'optimisation sont nécessaires pour garantir le bon fonctionnement des réseaux P2P à grande échelle.

Les réseaux P2P posent des problèmes de sécurité et de confiance, en particulier dans les réseaux ouverts où les participants ne se connaissent pas. Les participants doivent s'appuyer sur des mécanismes de cryptage, d'authentification et de réputation robustes pour garantir l'intégrité et la fiabilité des données et des ressources échangées entre pairs. La protection contre les nœuds malveillants, les attaques Sybil et la falsification des données nécessite des mesures et des protocoles de sécurité sophistiqués.

L'expérience utilisateur et la convivialité peuvent être compromises dans les applications P2P par rapport à leurs homologues centralisées. La nécessité pour les participants de conserver leurs propres copies de données et de contribuer aux ressources peut nécessiter une expertise technique et une gestion des ressources de la part des utilisateurs finaux. La conception d'interfaces intuitives, de mécanismes de partage de ressources transparents et de protocoles de découverte efficaces sont essentiels pour améliorer l'expérience utilisateur et encourager une adoption plus large.

La technologie Blockchain, de par sa nature décentralisée et transparente, complète l'architecture P2P. Les réseaux P2P basés sur la blockchain fournissent un stockage de données sécurisé et vérifiable, facilitent les transactions sans confiance et permettent la création d'applications décentralisées (DApps). L'intégration de la blockchain et de l'architecture P2P ouvre de nouvelles possibilités pour des applications telles que la gestion de la chaîne d'approvisionnement, la finance décentralisée et la vérification d'identité.

Les progrès des technologies améliorant la confidentialité, telles que les preuves sans connaissance et le calcul multipartite sécurisé, peuvent encore améliorer la confidentialité dans les réseaux P2P. Ces technologies permettent aux participants d'effectuer des calculs sur des données cryptées ou de vérifier des informations sans révéler de détails sensibles. L'intégration de telles techniques dans les architectures P2P peut répondre aux problèmes de confidentialité et permettre une collaboration sécurisée dans les réseaux décentralisés.

Applications décentralisées (DApps)

Les applications décentralisées (DApps) représentent une avancée significative dans le domaine des applications logicielles, tirant parti des technologies blockchain et décentralisées pour révolutionner les systèmes centralisés traditionnels. Les DApp responsabilisent les utilisateurs en éliminant les intermédiaires, en promouvant la transparence et en améliorant la confidentialité des données. Cette section explore les caractéristiques, les avantages, les défis et l'impact potentiel des applications décentralisées sur divers secteurs, en soulignant leur rôle dans la refonte de la confiance et l'autonomisation des utilisateurs.

Les applications décentralisées, ou DApps, sont des applications logicielles qui s'exécutent sur un réseau décentralisé ou une plateforme blockchain. Contrairement aux applications centralisées traditionnelles, les DApp exploitent les principes de décentralisation, de communication peer-to-peer et de protocoles cryptographiques pour garantir la confiance, la transparence et l'autonomie. Les DApps permettent des interactions directes entre les utilisateurs, éliminant ainsi le besoin d'intermédiaires et d'autorités centrales.

Les DApp introduisent un nouveau paradigme de confiance et de transparence en éliminant le besoin d'intermédiaires. Les transactions et opérations au sein des Apps sont enregistrées sur un grand livre distribué, garantissant la transparence et l'immuabilité. Les participants peuvent vérifier de manière indépendante l'intégrité de l'application et de ses opérations, favorisant ainsi la confiance entre les utilisateurs.

Les DApp offrent aux utilisateurs un meilleur contrôle sur leurs données et leurs actifs numériques. Les utilisateurs sont propriétaires et contrôlent directement leurs comptes, éliminant ainsi le recours à des entités centralisées. Cette approche centrée sur l'utilisateur responsabilise les individus, leur permettant de gérer leurs identités numériques, leurs actifs et leurs interactions sans avoir besoin d'intermédiaires.

Les DApp donnent la priorité à la confidentialité des données en utilisant des techniques de cryptage et un stockage décentralisé. Les données des utilisateurs sont souvent stockées de manière distribuée, ce qui les rend plus résistantes aux attaques et réduit le risque d'un point de défaillance unique. Les utilisateurs ont un plus grand contrôle sur leurs informations personnelles, choisissant quelles données partager et avec qui, atténuant ainsi les problèmes de confidentialité.

Les DApps peuvent réduire les coûts en éliminant les intermédiaires et en automatisant les processus. Les contrats intelligents, un élément clé de nombreuses DApp, permettent des accords auto-exécutables, éliminant le besoin d'interventions manuelles et réduisant les coûts associés. En tirant parti de la transparence et de l'efficacité de la blockchain, les DAPP rationalisent les flux de travail, améliorent l'audit et optimisent l'allocation des ressources.

Les DApp ont des applications importantes dans les secteurs financier et bancaire. Les plateformes de finance décentralisée (DéFi), construites sous forme de D'Apps, permettent des prêts, des emprunts et des échanges peer-to-peer sans avoir besoin d'intermédiaires financiers traditionnels. Ces plateformes offrent des services financiers transparents et programmables, augmentant l'accessibilité et réduisant les coûts pour les utilisateurs du monde entier.

Les Apps peuvent améliorer la transparence et la traçabilité dans la gestion de la chaîne d'approvisionnement. En tirant parti du grand livre immuable et des contrats intelligents de la blockchain, les DApp permettent un suivi sécurisé et vérifiable des marchandises tout au long de la chaîne d'approvisionnement. Cette transparence réduit la fraude, la contrefaçon et améliore la provenance des produits, garantissant ainsi un approvisionnement éthique et un commerce équitable.

Les DApp fournissent des solutions pour la gestion et l'authentification sécurisée de l'identité numérique. Grâce aux plateformes d'identité décentralisées, les individus peuvent contrôler leurs informations personnelles et les partager de manière sélective avec des entités de confiance. Les DApp permettent des identités auto-souveraines, réduisant ainsi la dépendance à l'égard de fournisseurs d'identité centralisés et améliorant la confidentialité.

Les DApp bouleversent les modèles traditionnels de partage de contenu et de propriété intellectuelle. Les plateformes de contenu décentralisées permettent aux créateurs de monétiser directement leur travail, en contournant les intermédiaires et en réduisant les fuites de revenus. De plus, les systèmes basés sur la blockchain fournissent des enregistrements de propriété transparents et immuables, améliorant ainsi la protection et l'attribution des droits d'auteur.

Les DApp offrent de nouvelles expériences dans les jeux et les mondes virtuels. Les plateformes de jeux basées sur la blockchain permettent aux joueurs de posséder et d'échanger des actifs en jeu en toute sécurité. Les DApps permettent un gameplay dont l'équité est prouvée, où les résultats du jeu sont transparents et infalsifiables. Cette approche remet en question le modèle traditionnel des plateformes de jeu centralisées en responsabilisant les joueurs et en favorisant un écosystème dynamique.

L'évolutivité reste un défi pour de nombreuses DApp, en particulier celles construites sur des blockchains publiques. À mesure que le nombre d'utilisateurs et de transactions augmente, les limitations d'évolutivité peuvent affecter la vitesse et le

coût

des transactions. Des solutions de mise à l'échelle de couche 2, des progrès dans les algorithmes de consensus et des initiatives d'interopérabilité sont à l'étude pour relever ces défis.

La convivialité des Apps est un facteur critique pour leur adoption. Les interfaces utilisateur complexes, les frais de transaction et le besoin de portefeuilles cryptographiques peuvent constituer des barrières à l'entrée pour les utilisateurs non techniques. Des améliorations de l'expérience utilisateur, des interfaces intuitives et une intégration transparente avec les plates-formes existantes sont nécessaires pour favoriser l'adoption généralisée des DApp.

Le paysage réglementaire et juridique entourant les DApp évolue et varie selon les juridictions. Le respect des réglementations existantes, telles que la protection des données et les lois financières, peut poser des défis aux DAPP. La clarté de la réglementation et les cadres qui équilibrent l'innovation et la protection des consommateurs sont essentiels à l'adoption généralisée des DApp.

L'interopérabilité entre les différentes DApps et plateformes blockchain est cruciale pour leur adoption généralisée. Des efforts sont en cours pour développer des protocoles et des normes d'interopérabilité, permettant aux DApp d'interagir de manière transparente et d'exploiter les fonctionnalités de chacun. L'interopérabilité favorise la synergie et la collaboration dans l'écosystème décentralisé.

L'intégration de nouvelles technologies comme l'Internet des objets (IoT) et l'intelligence artificielle (IA) avec les DApps présente un énorme potentiel. Des services personnalisés et intelligents peuvent être proposés via des DApp alimentés par l'IA, tandis que la collecte et l'automatisation de données réelles peuvent être rendues possibles par l'intégration de l'IoT. Ces convergences créent de nouvelles opportunités pour les applications et l'innovation disruptives.

En démocratisant l'accès aux services financiers, en permettant les relations entre pairs et en responsabilisant les gens dans leur vie numérique, les Apps ont le potentiel de créer une transformation sociale et économique. En comblant le fossé numérique, en permettant l'inclusion financière et en remodelant les dynamiques de pouvoir conventionnelles dans un certain nombre de secteurs, les Apps peuvent contribuer à créer une société plus inclusive et plus équitable.

ChapitreIII :Typesdeblockchains

Blockchains publiques

Les blockchains publiques sont apparues comme une innovation révolutionnaire, révolutionnant la façon dont nous stockons et échangeons des actifs numériques, vérifions les transactions et construisons des applications décentralisées. Ces réseaux ouverts et sans autorisation offrent transparence, sécurité et décentralisation, remettant en question les systèmes centralisés traditionnels. Cette section explore les caractéristiques, les avantages, les défis et l'impact potentiel des blockchains publiques sur diverses industries, en soulignant leur rôle dans la promotion de la confiance et la stimulation de l'innovation.

Les blockchains publiques sont des réseaux de registres distribués qui permettent à quiconque de participer, de vérifier les transactions et de conserver une copie du grand livre. Contrairement aux blockchains privées ou autorisées, les blockchains publiques fonctionnent de manière ouverte et décentralisée, où des mécanismes de consensus garantissent l'accord sur l'état du réseau. Les blockchains publiques constituent la base des crypto-monnaies comme Bitcoin, Ethereum et autres.

Les blockchains publiques offrent une transparence inégalée puisque toutes les transactions et opérations sont enregistrées dans le grand livre public. Les participants peuvent vérifier de manière indépendante l'intégrité du réseau, favorisant ainsi la confiance et la responsabilité. Cette transparence rend les blockchains publiques adaptées aux applications nécessitant des enregistrements vérifiables, telles que les transactions financières, la gestion de la chaîne d'approvisionnement et les systèmes de vote.

Les blockchains publiques exploitent les protocoles cryptographiques pour garantir la sécurité et l'immuabilité des données. Les transactions sont cryptées et l'intégrité de la blockchain est maintenue grâce aux mécanismes de consensus. Une fois enregistrées sur la blockchain publique, les transactions ne peuvent pas être modifiées, fournissant ainsi un historique des événements inviolable et vérifiable. Cette fonctionnalité de sécurité est particulièrement précieuse dans les secteurs où l'intégrité et la confiance des données sont primordiales.

Les blockchains publiques éliminent le besoin d'autorités et d'intermédiaires centralisés. Les participants peuvent effectuer des transactions directement entre eux, sans confiance, en s'appuyant sur les protocoles cryptographiques et les mécanismes de consensus. Cette décentralisation favorise l'inclusion, responsabilise les individus et réduit le risque de censure ou de manipulation de la part des autorités centrales. Cela ouvre de nouvelles opportunités en matière d'inclusion financière, d'interactions entre pairs et de collaboration mondiale.

Les blockchains publiques fournissent une plate-forme d'interopérabilité et de collaboration entre diverses applications et réseaux. Les contrats intelligents, caractéristique essentielle des blockchains publiques, permettent des accords et des interactions programmables entre différentes entités. Cette interopérabilité encourage l'innovation, car les développeurs peuvent s'appuyer sur l'infrastructure blockchain existante, tirer parti de normes partagées et créer des écosystèmes d'applications interconnectées.

Les blockchains publiques ont pris de l'importance avec l'avènement des crypto-monnaies comme Bitcoin et Ethereum. Ces monnaies décentralisées permettent des transactions peer-to-peer sans intermédiaire. De plus, les blockchains publiques servent de plates-formes pour la finance décentralisée (DéFi), fournissant des applications de prêt, d'emprunt, de commerce et d'agriculture de rendement. Les protocoles DéFi construits sur des blockchains publiques offrent des services financiers transparents, sécurisés et sans autorisation accessibles à toute personne disposant d'une connexion Internet.

Les blockchains publiques améliorent la transparence, la traçabilité et l'efficacité de la chaîne d'approvisionnement. En enregistrant les événements et les transactions de la chaîne d'approvisionnement dans un grand livre public, les parties prenantes peuvent vérifier l'authenticité et l'origine des produits, garantissant ainsi un approvisionnement éthique et un commerce équitable. Les blockchains publiques facilitent les audits de la chaîne d'approvisionnement, réduisent la fraude et rationalisent les processus logistiques en fournissant un enregistrement partagé et immuable des événements.

Les blockchains publiques offrent des solutions pour une gestion des identités sécurisée et autonome. En tirant parti de la transparence et des protocoles cryptographiques de la blockchain, les individus peuvent contrôler leur identité numérique, partager des informations de manière sélective et réduire leur dépendance à l'égard de fournisseurs d'identité centralisés. Les blockchains publiques permettent des enregistrements d'identité vérifiables et infalsifiables, responsabilisant les individus et améliorant la confidentialité.

Les blockchains publiques fournissent une plate-forme de partage de contenu décentralisé et de gestion de la propriété intellectuelle. Les artistes, écrivains et créateurs peuvent symboliser leur travail et établir des droits de propriété sur la blockchain. Cette tokenisation permet une monétisation transparente et directe du contenu créatif, réduisant ainsi la dépendance vis-à-vis des intermédiaires et garantissant une rémunération équitable aux créateurs.

Les blockchains publiques facilitent les modèles de gouvernance décentralisés et la création d'organisations autonomes décentralisées (DAO). Les DAO sont des entités régies par des contrats intelligents, où les décisions sont prises via des mécanismes de consensus codés dans la blockchain. Les blockchains publiques permettent un vote transparent, une allocation des ressources et une gouvernance communautaire, permettant une prise de décision collective sans autorité centralisée.

L'évolutivité reste un défi pour les blockchains publiques, en particulier à mesure que l'adoption par les utilisateurs et le volume des transactions augmentent. Atteindre un débit élevé et une faible latence tout en maintenant la décentralisation est une tâche complexe. Diverses solutions, notamment les techniques de mise à l'échelle de couche

2, le partitionnement et les calculs hors chaîne, sont à l'étude pour remédier aux limitations d'évolutivité et améliorer les performances des blockchains publiques.

Même si les blockchains publiques offrent de la transparence, la nature pseudonyme des transactions peut soulever des problèmes de confidentialité. Des efforts sont en cours pour développer des technologies et des techniques améliorant la confidentialité, telles que les preuves sans connaissance et le calcul multipartite sécurisé, afin de permettre des transactions privées sur des blockchains publiques. Trouver un équilibre entre transparence et confidentialité est une considération clé pour l'adoption généralisée des blockchains publiques.

Les blockchains publiques opèrent dans un paysage réglementaire en constante évolution. La conformité aux réglementations existantes, telles que les exigences de lutte contre le blanchiment d'argent (AML) et de connaissance du client (KYC), pose des défis pour les applications basées sur la blockchain. Des efforts de collaboration entre les acteurs de l'industrie de la blockchain, les régulateurs et les décideurs politiques sont nécessaires pour établir des cadres clairs qui favorisent l'innovation tout en garantissant le respect des exigences légales.

La recherche et le développement en cours se concentrent sur la mise à l'échelle de solutions pour les blockchains publiques, l'amélioration du débit des transactions et la réduction des frais. Les techniques de mise à l'échelle de couche 2, les protocoles d'interopérabilité et les progrès des mécanismes de consensus visent à relever les défis d'évolutivité et à permettre une interaction transparente entre les différentes blockchains.

Afin de permettre de nouvelles applications et cas d'utilisation, les blockchains publiques ont la capacité d'interagir avec des technologies innovantes telles que l'intelligence artificielle (IA) et l'Internet des objets (IoT). Les algorithmes d'IA peuvent exploiter les données transparentes et vérifiables de la blockchain pour fournir des informations et des services personnalisés. Les appareils IoT peuvent interagir en toute sécurité avec les blockchains publiques, facilitant ainsi l'échange de données sécurisé et l'automatisation.

Les blockchains publiques ont le pouvoir de remodeler les industries, de redéfinir la confiance et de responsabiliser les individus à l'échelle mondiale. En démocratisant l'accès aux services financiers, en améliorant la confidentialité des données et en favorisant une gouvernance décentralisée, les blockchains publiques peuvent promouvoir l'inclusion financière, réduire les inégalités et favoriser la transformation sociale et économique. Ces technologies ont le potentiel de remodeler la dynamique du pouvoir, de permettre des interactions entre pairs et de favoriser de nouveaux modèles économiques.

Blockchains privées

Les blockchains privées sont devenues un outil puissant pour les entreprises qui cherchent à exploiter les avantages de la technologie blockchain au sein de réseaux fermés. Ces réseaux autorisés et contrôlés offrent une sécurité, une efficacité et une collaboration améliorées et sont spécifiquement conçus pour satisfaire les demandes des entreprises. Cette section examine les caractéristiques, les avantages, les difficultés et les effets potentiels des blockchains privées, en mettant l'accent sur leur contribution à la transformation de l'industrie et à l'innovation dans des environnements fermés.

Les blockchains privées, également appelées blockchains autorisées, sont des réseaux de blockchain qui restreignent l'accès et la participation à un groupe sélectionné d'entités de confiance. Contrairement aux blockchains publiques, qui sont ouvertes et sans autorisation, les blockchains privées fonctionnent au sein d'un écosystème fermé, où les participants sont connus et disposent de rôles et d'autorisations définis. Ces blockchains donnent la priorité à la confidentialité, au contrôle et à la gouvernance. Les blockchains privées offrent une sécurité et une confidentialité des données accrues par rapport aux systèmes centralisés traditionnels. Les blockchains privées réduisent le risque d'accès non autorisé, de violations de données et d'actions criminelles en autorisant uniquement la participation d'organisations réputées. Des techniques de cryptage et des contrôles d'accès peuvent être mis en œuvre pour protéger les informations sensibles, garantissant ainsi la confidentialité des données au sein du réseau fermé.

Les blockchains privées donnent la priorité à l'efficacité et à l'évolutivité, permettant un traitement des transactions plus rapide et un débit plus élevé. En ayant un nombre limité de participants, les blockchains privées peuvent optimiser les ressources du réseau, parvenir à un consensus plus efficacement et réduire la charge de calcul requise pour la validation. Cette efficacité rend les blockchains privées bien adaptées aux applications qui nécessitent une confirmation rapide des transactions et des performances élevées.

Les blockchains privées offrent aux organisations la flexibilité nécessaire pour définir leurs modèles de gouvernance et leurs cadres de conformité. Les participants peuvent déterminer collectivement les règles, les protocoles et les processus décisionnels qui régissent le réseau blockchain privé. Cette approche de gouvernance sur mesure permet aux organisations de répondre aux exigences réglementaires, d'appliquer les politiques commerciales et de garantir la conformité au sein du réseau fermé.

Les blockchains privées facilitent la collaboration entre entités de confiance au sein d'un écosystème fermé. En partageant un registre commun et immuable, les participants peuvent échanger des données en toute sécurité, rationaliser les flux de travail et optimiser les processus de la chaîne d'approvisionnement. Des protocoles d'interopérabilité peuvent être établis pour faciliter l'échange de données et les interactions avec d'autres blockchains privées ou publiques, permettant une intégration transparente avec des systèmes externes.

Les blockchains privées offrent des avantages significatifs dans la gestion de la chaîne d'approvisionnement en améliorant la transparence, la traçabilité et l'efficacité. Les parties prenantes de confiance au sein du réseau de la chaîne d'approvisionnement peuvent partager des données en toute sécurité, vérifier les transactions et suivre le mouvement des marchandises. Les blockchains privées permettent une visibilité en temps réel sur les stocks, réduisent la fraude, rationalisent la logistique et renforcent la confiance entre les partenaires de la chaîne d'approvisionnement.

Les blockchains privées trouvent des applications dans le secteur des services financiers, en particulier dans les domaines qui nécessitent la conformité, la confidentialité et un traitement des transactions haute performance. Les blockchains privées facilitent les transactions interbancaires, les règlements commerciaux et les envois de fonds transfrontaliers efficaces et sécurisés. Ces réseaux permettent aux institutions financières de rationaliser les processus, de réduire les coûts et de renforcer la confiance entre les participants.

Les blockchains privées peuvent révolutionner les systèmes de santé en améliorant la gestion, l'interopérabilité et la confidentialité des données des patients. Les prestataires de soins de santé de confiance peuvent partager en toute sécurité les dossiers des patients, garantissant ainsi l'intégrité et la confidentialité des données. Les blockchains privées permettent un accès efficace aux dossiers médicaux, facilitent la gestion sécurisée des consentements et rationalisent les processus de facturation et d'assurance, tout en maintenant la conformité aux réglementations en matière de soins de santé.

Les blockchains privées fournissent une plateforme sécurisée et transparente pour la gestion des droits de propriété intellectuelle et la répartition des redevances. Les créateurs de contenu, tels que les musiciens, les artistes et les auteurs, peuvent enregistrer leur travail sur une blockchain privée, établissant ainsi les droits de propriété et automatisant la répartition des redevances. Cela réduit les frais administratifs, minimise les litiges et garantit une rémunération équitable aux créateurs.

Les blockchains privées, de par leur nature, impliquent un certain degré de centralisation par rapport aux blockchains publiques. Même si cela permet d'améliorer le contrôle et la gouvernance, cela soulève également des inquiétudes quant à la confiance et à la dépendance à l'égard d'un nombre limité de participants. Une attention particulière doit être accordée à la recherche d'un équilibre entre la centralisation et les avantages offerts par les blockchains privées.

Les blockchains privées peuvent être confrontées à des défis d'interopérabilité avec d'autres réseaux de blockchain ou systèmes existants. Des efforts sont en cours pour développer des normes et des protocoles permettant une intégration et un échange de données transparents entre les blockchains privées et publiques. Les cadres d'interopérabilité sont essentiels pour exploiter tout le potentiel de la technologie blockchain sur différents réseaux et écosystèmes.

Les blockchains privées opérant dans des secteurs réglementés doivent respecter les exigences de conformité et les cadres juridiques. Les organisations doivent s'assurer que leurs blockchains privées respectent les lois, réglementations et normes de protection des données en vigueur. Des efforts de collaboration entre les acteurs de l'industrie de la blockchain, les régulateurs et les décideurs politiques sont nécessaires pour établir des cadres clairs qui établissent un équilibre entre innovation et conformité.

Les approches blockchain hybrides, combinant des éléments privés et publics, gagnent du terrain. Les organisations peuvent tirer parti des avantages des blockchains privées et publiques en conservant des données sensibles sur des chaînes privées tout en utilisant les chaînes publiques à des fins d'interopérabilité, de transparence ou de consensus décentralisé. Ces approches hybrides permettent une plus grande flexibilité, sécurité et collaboration.

Les blockchains privées ont le potentiel de fonctionner avec des technologies innovantes telles que le cloud computing, l'intelligence artificielle et l'Internet des objets. Les algorithmes d'IA peuvent exploiter les données privées de la blockchain à des fins d'analyse, de reconnaissance de formes et de prise de décision. Les appareils IoT peuvent interagir en toute sécurité avec des blockchains privées, permettant un échange de données automatisé et sécurisé au sein de réseaux fermés.

Les blockchains privées ont déclenché la formation de consortiums industriels et d'écosystèmes collaboratifs. Les organisations d'un secteur ou d'un domaine spécifique peuvent se réunir pour établir des réseaux de blockchain privés qui répondent à des défis communs, partagent des ressources et stimulent l'innovation. Ces consortiums favorisent la collaboration, la normalisation et le partage des connaissances entre pairs de l'industrie.

Blockchains de consortium

Les blockchains de consortium sont apparues comme une solution intéressante pour les organisations cherchant à tirer parti des avantages de la technologie blockchain tout en conservant un certain degré de contrôle et de confidentialité. Ces réseaux collaboratifs, constitués d'un groupe d'entités de confiance, offrent un équilibre entre l'ouverture des blockchains publiques et le contrôle strict des blockchains privées. Cette section explore les caractéristiques, les avantages, les défis et l'impact potentiel des blockchains de consortium, en soulignant leur rôle dans la promotion de la collaboration, l'amélioration de la confiance et la promotion de l'innovation.

Les blockchains de consortium, également appelées blockchains fédérées, sont des réseaux de blockchain formés par un consortium ou un groupe d'organisations. Contrairement aux blockchains publiques, ouvertes à tous, et aux blockchains privées, qui sont contrôlées par une seule entité, les blockchains de consortium fournissent un cadre collaboratif dans lequel plusieurs entités de confiance participent conjointement à la gouvernance et aux processus décisionnels du réseau.

Les blockchains de consortium facilitent la collaboration entre entités de confiance, leur permettant de travailler ensemble sur des objectifs et des initiatives partagés. En unissant leurs forces, les membres du consortium peuvent mettre en commun leurs ressources, partager leur expertise et stimuler collectivement l'innovation au sein du réseau blockchain. Les blockchains de consortium favorisent la confiance entre les participants, leur permettant de collaborer sur des projets qui nécessitent un haut niveau de transparence et de responsabilité partagée.

Les blockchains de consortium offrent une efficacité accrue et une réduction des coûts par rapport aux systèmes centralisés traditionnels. En éliminant le besoin d'intermédiaires et en améliorant l'automatisation grâce à des contrats intelligents, les blockchains de consortium rationalisent les processus, réduisent les coûts opérationnels et améliorent l'efficacité globale. Les membres du consortium peuvent bénéficier d'une infrastructure et de ressources partagées, ce qui entraîne des économies pour tous les participants.

Les blockchains de consortium fournissent un cadre de gouvernance partagée, permettant aux membres du consortium de prendre collectivement des décisions concernant les règles, les protocoles et l'orientation du réseau blockchain. Ce modèle de gouvernance collaborative garantit que la blockchain du consortium s'aligne sur les besoins et exigences spécifiques de ses membres. Les mécanismes de consensus peuvent être adaptés pour optimiser les performances, l'efficacité et la sécurité en fonction des préférences consensuelles du consortium.

Les blockchains de consortium donnent la priorité à la confidentialité et à la sécurité des données. En limitant la participation aux entités de confiance, les blockchains du consortium protègent les informations sensibles contre tout accès non autorisé. Les membres du consortium ont un plus grand contrôle sur leurs données, déterminant le niveau de transparence et de visibilité pour les autres membres. Cette confidentialité et cette sécurité améliorées rendent les blockchains de consortium particulièrement adaptées aux secteurs où la confidentialité des données est cruciale, comme les soins de santé ou les services financiers.

Les blockchains de consortium ont des applications importantes dans la gestion de la chaîne d'approvisionnement. En fournissant un grand livre partagé et immuable, les membres du consortium peuvent suivre et retracer les produits, vérifier l'authenticité des marchandises et rationaliser les processus de la chaîne d'approvisionnement. Les blockchains de consortium améliorent la transparence, réduisent la fraude et permettent une collaboration efficace entre les partenaires de la chaîne d'approvisionnement, conduisant à une efficacité et une confiance améliorées dans l'écosystème.

Les blockchains de consortium facilitent les transactions interorganisationnelles sécurisées et transparentes. Les membres du consortium peuvent tirer parti du réseau blockchain pour des échanges efficaces et vérifiables d'actifs, de contrats ou de monnaies numériques. Cela rationalise les transactions, réduit les risques de contrepartie et élimine le besoin d'intermédiaires. Les blockchains du consortium favorisent des interactions efficaces et fiables entre les membres, favorisant ainsi un écosystème collaboratif.

Les blockchains de consortium offrent une plate-forme robuste pour la gestion et la protection de la propriété intellectuelle. Les membres du consortium peuvent enregistrer et vérifier en toute sécurité les actifs de propriété intellectuelle sur la blockchain, garantissant ainsi des enregistrements de propriété transparents et réduisant les litiges. Les contrats intelligents peuvent automatiser la distribution des redevances et les accords de licence, rationalisant ainsi les processus administratifs et permettant une rémunération équitable aux créateurs.

Les blockchains de consortium aident à relever les défis de conformité réglementaire en fournissant un enregistrement vérifiable et transparent des transactions. En appliquant des règles et des protocoles prédéfinis au sein du réseau blockchain, les membres du consortium peuvent garantir la conformité aux réglementations et normes spécifiques au secteur. L'immuabilité des données blockchain simplifie les audits, réduit les coûts de conformité et améliore la responsabilité au sein de l'écosystème du consortium.

Former et maintenir un consortium nécessite de la confiance, de la collaboration et une vision partagée entre les entités participantes. Les membres du consortium doivent se mettre d'accord sur les structures de gouvernance, les processus de prise de décision et l'allocation des ressources. Une communication claire, la recherche d'un consensus et une coordination continue sont essentielles au succès d'une blockchain de consortium.

L'interopérabilité entre les blockchains du consortium et d'autres réseaux de blockchain ou systèmes existants peut s'avérer difficile. Le développement de protocoles et de normes d'interopérabilité permet une intégration et un échange de données transparents entre différents réseaux blockchain. Des efforts de collaboration au sein de l'industrie sont nécessaires pour établir des cadres communs qui favorisent l'interopérabilité et facilitent un flux d'informations fluide.

Bien que les blockchains de consortium offrent une sécurité renforcée par rapport aux systèmes centralisés, des risques de sécurité existent toujours. Les membres du consortium doivent mettre en œuvre des mesures de sécurité robustes, notamment des contrôles d'accès, des techniques de cryptage et une surveillance du réseau. De plus, il est crucial de définir des mécanismes de responsabilité et de résolution des litiges dans le cadre de la blockchain du consortium pour garantir la responsabilité et résoudre les violations ou conflits de sécurité potentiels.

Les blockchains de consortium ont le potentiel de favoriser la collaboration intersectorielle et les réseaux de consortium. Plusieurs blockchains de consortium de différentes industries peuvent interférer et partager des ressources, facilitant ainsi la collaboration et l'innovation. Les consortiums intersectoriels ouvrent la porte à de nouveaux modèles commerciaux, à des infrastructures partagées et à des initiatives conjointes qui répondent à des défis communs et génèrent des solutions transfor matrices.

Les approches hybrides combinant des blockchains de consortium avec des blockchains publiques ou privées gagnent du terrain. Les organisations peuvent tirer parti des avantages des blockchains privées et des consortiums, en utilisant des réseaux privés pour les données sensibles et des réseaux de consortium pour les projets collaboratifs. L'intégration avec les blockchains publiques permet l'interopérabilité, des transactions trans-réseaux transparentes ou l'accès à des écosystèmes plus larges.

Les blockchains de consortium seront probablement témoins de l'évolution des modèles de gouvernance à mesure que la technologie mûrit. Les membres du consortium peuvent explorer de nouvelles méthodes de prise de décision, de résolution des différends et de mécanismes de consensus. L'expérimentation de modèles de gouvernance décentralisés, de votes symboliques ou de systèmes basés sur la réputation pourrait améliorer la gouvernance de la blockchain du consortium, renforçant ainsi la collaboration et la confiance.

Blockchains hybrides

Afin de répondre aux différents besoins des entreprises, les blockchains hybrides ont évolué comme une solution flexible combinant les avantages des blockchains publiques et privées. Ces réseaux blockchain combinent l'accès réglementé et la confidentialité des blockchains privées avec la transparence et l'ouverture des blockchains publiques. Cette section examine les caractéristiques, les avantages, les difficultés et les effets potentiels des blockchains hybrides, en soulignant comment elles peuvent combler le fossé entre les divers modèles de blockchain et promouvoir l'innovation dans un large éventail de secteurs.

Les réseaux blockchain qui intègrent des composants de blockchains publiques et privées sont appelés blockchains hybrides, également appelées solutions fédérées ou inter-chaînes. Ils permettent un échange transparent de données et d'actifs en permettant l'interopérabilité entre différents réseaux blockchain. Les blockchains hybrides exploitent les avantages de chaque type pour produire une solution unifiée et adaptable qui répond à certains besoins.

Les blockchains hybrides permettent aux organisations de préserver la confidentialité et le contrôle des données sensibles. Les composants privés du réseau hybride permettent un stockage et une gestion sécurisés des informations confidentielles, tandis que les composants publics permettent des interactions transparentes et vérifiables avec des parties externes. Cette flexibilité établit un équilibre entre confidentialité et transparence, garantissant le respect des exigences réglementaires tout en facilitant la collaboration.

Les blockchains hybrides facilitent l'interopérabilité, permettant une collaboration transparente entre différents réseaux et écosystèmes de blockchain. En intégrant des composants publics et privés, les organisations peuvent échanger des données, des actifs et des contrats intelligents sur des réseaux disparates, favorisant ainsi la collaboration intersectorielle et stimulant l'innovation. Les blockchains hybrides favorisent un écosystème de blockchain interconnecté, encourageant le partage des ressources et élargissant les opportunités pour de nouveaux cas d'utilisation.

Les blockchains hybrides répondent aux limitations d'évolutivité et de performances en tirant parti de différents mécanismes de consensus et architectures de réseau. Les composants privés du réseau peuvent gérer efficacement les transactions sensibles et de grande valeur, bénéficiant d'algorithmes de consensus plus rapides et d'une congestion réduite du réseau. Les composants publics, quant à eux, offrent l'évolutivité et la nature distribuée des blockchains publiques, permettant ainsi de gérer

un plus grand volume de transactions.

Les blockchains hybrides offrent aux organisations la flexibilité nécessaire pour adapter les solutions blockchain à leurs besoins spécifiques. En intégrant des composants publics et privés, les organisations peuvent choisir le niveau approprié de transparence, de contrôles d'accès et de mécanismes de consensus. Cette personnalisation permet la création de réseaux blockchain qui s'alignent étroitement sur les besoins uniques et les cas d'utilisation de divers secteurs, notamment la finance, la gestion de la chaîne d'approvisionnement et la santé.

Les blockchains hybrides améliorent la traçabilité et la transparence de la chaîne d'approvisionnement en permettant l'interopérabilité entre les parties prenantes. Les différents acteurs de la chaîne d'approvisionnement peuvent partager en toute sécurité des données pertinentes, garantissant ainsi la transparence et la responsabilité. Les blockchains hybrides facilitent le suivi des produits, la vérification de l'authenticité et

la

surveillance en temps réel des événements de la chaîne d'approvisionnement, améliorant ainsi l'efficacité et la confiance entre les partenaires de la chaîne d'approvisionnement.

Les blockchains hybrides offrent des solutions efficaces et sécurisées pour les paiements et envois de fonds transfrontaliers. En intégrant des composants publics et privés, les organisations peuvent tirer parti de la transparence et de l'immuabilité des blockchains publiques tout en préservant la confidentialité et la conformité requises pour les transactions financières. Les blockchains hybrides rationalisent les règlements transfrontaliers, réduisent les intermédiaires et améliorent la vitesse et la rentabilité des transactions.

Les blockchains hybrides permettent une collaboration multipartite en intégrant des contrats intelligents sur différents réseaux de blockchain. Les organisations peuvent interagir en toute sécurité, automatiser les accords et rationaliser les processus métier. Les blockchains hybrides facilitent l'exécution de transactions complexes impliquant plusieurs parties prenantes, telles que le financement de la chaîne d'approvisionnement, l'assurance et les initiatives basées sur des consortiums.

Les blockchains hybrides favorisent le partage de données et l'interopérabilité entre des systèmes disparates. En intégrant des composants publics et privés, les organisations peuvent échanger des données en toute sécurité, garantissant ainsi l'intégrité, la confidentialité et la conformité. Les blockchains hybrides permettent une intégration transparente des données entre les systèmes existants, les blockchains publiques et les réseaux privés, facilitant ainsi l'interopérabilité des données et favorisant la collaboration entre les secteurs.

Les blockchains hybrides nécessitent un examen attentif des modèles de gouvernance et des mécanismes de consensus. Différents réseaux blockchain peuvent avoir différentes structures de gouvernance et algorithmes de consensus, qui doivent être harmonisés pour une collaboration efficace. L'établissement de cadres de gouvernance clairs et de protocoles de consensus est crucial pour garantir la transparence, l'équité et l'interopérabilité au sein de l'écosystème de la blockchain hybride.

Les blockchains hybrides introduisent de nouvelles considérations en matière de sécurité et de confidentialité. L'intégration de composants publics et privés nécessite des mesures de sécurité strictes pour protéger les données sensibles et empêcher tout accès non autorisé. Des techniques améliorant la confidentialité, telles que les preuves sans connaissance ou le cryptage, doivent être utilisées pour garantir la confidentialité des données sur différents réseaux blockchain.

Les blockchains hybrides présentent des complexités en termes d'architecture réseau, d'intégration et de maintenance. Garantir un échange transparent de données et d'actifs entre différents réseaux blockchain nécessite des protocoles et des normes bien définis. Les défis d'intégration peuvent provenir de différences dans les structures de données, les langages de contrats intelligents ou les mécanismes de consensus. Les organisations doivent investir dans une infrastructure robuste, des solutions d'interopérabilité et des cadres standardisés pour surmonter ces défis.

Les efforts de normalisation sont essentiels à l'adoption généralisée et à l'interopérabilité des blockchains hybrides. Le développement de protocoles inter-chaînes, de langages de contrats intelligents standardisés et de cadres d'interopérabilité améliorera la compatibilité et facilitera un échange de données transparent entre différents réseaux blockchain. Ces initiatives favorisent un écosystème blockchain plus connecté et interopérable.

Les blockchains hybrides peuvent être intégrées à des technologies avancées telles que l'IoT, l'IA ou des systèmes de solutions d'identité décentralisées. L'intégration avec les algorithmes d'IA peut permettre une prise de décision intelligente et une analyse des données sur différents réseaux blockchain. Les appareils IoT peuvent interagir en toute sécurité avec les blockchains hybrides, facilitant ainsi la collecte de données en temps réel et l'automatisation dans les systèmes interconnectés.

Les blockchains hybrides sont sur le point de stimuler l'innovation et l'adoption dans diverses industries. À mesure que les organisations reconnaissent les avantages de la combinaison d'éléments publics et privés, des solutions et des consortiums spécifiques à l'industrie sont susceptibles d'émerger. Les blockchains hybrides basées sur un consortium peuvent créer des normes industrielles, partager des ressources et collaborer sur des cas d'utilisation qui nécessitent un échange de données sécurisé, une interopérabilité et une gouvernance partagée.

ChapitreIV : Composantsdelablockchain

Nœuds Blockchain

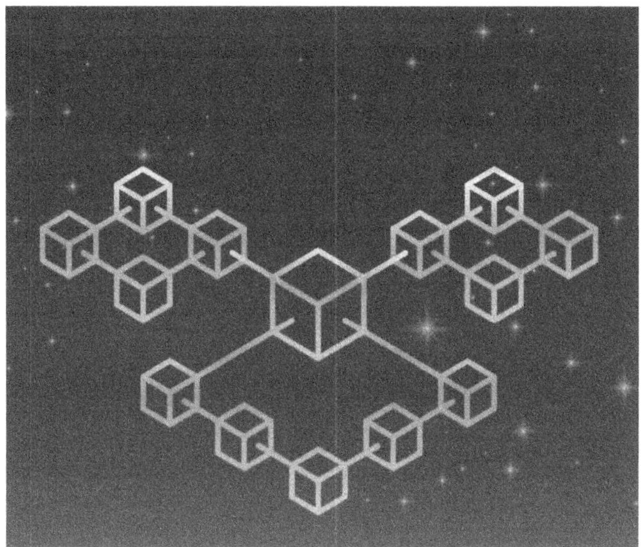

La technologie Blockchain est fondée sur les principes de décentralisation, de transparence et d'immuabilité. Au cœur de chaque réseau blockchain se trouvent des nœuds, des composants essentiels qui jouent un rôle essentiel pour garantir l'intégrité, la sécurité et le consensus du grand livre distribué. Cette section explore les caractéristiques, les fonctions, les types et l'importance des nœuds blockchain, en soulignant leur rôle en tant qu'éléments constitutifs de la confiance décentralisée et du consensus dans les réseaux blockchain.

Les nœuds blockchain peuvent être définis comme des ordinateurs ou des appareils individuels qui participent à un réseau blockchain. Chaque nœud conserve une copie du grand livre distribué de la blockchain, validant et stockant les transactions et contribuant activement au mécanisme de consensus. Les nœuds constituent l'épine dorsale d'un réseau décentralisé, permettant la vérification et la validation des transactions sans dépendre d'une autorité centrale.

Les nœuds jouent un rôle essentiel dans la validation des transactions au sein d'un réseau blockchain. Chaque transaction est évaluée par plusieurs nœuds à l'aide de mécanismes de consensus, garantissant sa conformité aux règles et protocoles prédéfinis de la blockchain. La validation par plusieurs nœuds améliore la sécurité et empêche l'ajout de transactions frauduleuses ou invalides à la blockchain.

Les mécanismes de consensus permettent aux nœuds de se mettre d'accord collectivement sur l'état de la blockchain et de valider les transactions. Les nœuds s'engagent dans des protocoles de consensus, tels que Proof-of-Work (PoW), Proof-of-Stake (PoS) ou Practical Byzantine Fault Tolerance (PBFT), pour parvenir à un accord et maintenir l'intégrité de la blockchain. La formation d'un consensus garantit que le grand livre distribué reste cohérent sur tous les nœuds participants. Les nœuds stockent une copie du grand livre distribué de la blockchain, conservant ainsi un enregistrement à jour de toutes les transactions. Ce stockage distribué garantit la redondance et la tolérance aux pannes, car les données de la blockchain sont répliquées sur plusieurs nœuds. En stockant la blockchain localement, les nœuds contribuent à la sécurité, à la disponibilité et à l'immuabilité du réseau.

Les nœuds communiquent entre eux pour propager les transactions, les blocs et les mises à jour sur le réseau blockchain. Grâce à la connectivité réseau, les nœuds diffusent de nouvelles transactions, valident et propagent les blocs et synchronisent leurs copies de la blockchain. Une propagation efficace du réseau garantit la diffusion rapide des informations et contribue à la performance globale du réseau.

Les nœuds complets conservent une copie complète du grand livre distribué de la blockchain. Ils valident indépendamment toutes les transactions et participent au mécanisme de consensus. Les nœuds complets offrent le plus haut niveau de sécurité, de transparence et de décentralisation, car ils ont un contrôle total sur leur copie de la blockchain. Cependant, l'exploitation d'un nœud complet nécessite un stockage, des ressources de calcul et une bande passante réseau importants.

Les nœuds légers ou élagués conservent une copie partielle du grand livre distribué de la blockchain. Ils stockent un sous-ensemble des données de la blockchain, comprenant généralement uniquement les transactions les plus récentes ou une plage spécifique de blocs. Les nœuds élagués réduisent les besoins de stockage et conviennent aux appareils ou environnements aux ressources limitées. Cependant, ils s'appuient sur des nœuds complets ou d'autres sources fiables pour vérifier les transactions au-delà de leur sous-ensemble local.

Les nœuds miniers, également appelés mineurs, effectuent la tâche gourmande en ressources consistant à résoudre des énigmes mathématiques complexes pour ajouter de nouveaux blocs à la blockchain. Ces nœuds valident les transactions, les regroupent en blocs et rivalisent avec d'autres mineurs pour trouver la solution et gagner des récompenses de bloc. Les nœuds miniers jouent un rôle crucial dans le maintien de la sécurité et du consensus des réseaux blockchain qui utilisent des mécanismes de consensus de preuve de travail (PoW).

Les masternodes sont des nœuds spécialisés qui fournissent des fonctionnalités et des services supplémentaires au sein de certains réseaux blockchain. Leur fonctionnement nécessite souvent une participation ou une garantie importante, en fonction du mécanisme de consensus. Les masternodes permettent des fonctionnalités avancées telles que des transactions instantanées, une gouvernance décentralisée ou une sécurité réseau améliorée. Ils contribuent à la stabilité, à l'évolutivité et à la durabilité de l'écosystème blockchain.

Les nœuds blockchain jouent un rôle déterminant dans la réalisation de la décentralisation et l'établissement de la confiance au sein d'un réseau blockchain. En répartissant le grand livre de la blockchain sur plusieurs nœuds, le réseau devient résistant aux points de défaillance et aux attaques uniques. Les nœuds valident les transactions de manière indépendante, garantissant un consensus grâce à une vérification collective. Cette approche décentralisée favorise la confiance en l'absence d'une autorité centrale.

La nature distribuée des nœuds blockchain contribue à la sécurité et à l'immuabilité de la blockchain. Les transactions doivent être vérifiées par plusieurs nœuds pour être considérées comme valides et ajoutées à la blockchain. Le processus de formation de consensus et les mécanismes cryptographiques utilisés par les nœuds garantissent l'intégrité et l'immuabilité du grand livre distribué. Ce modèle de sécurité robuste protège la blockchain contre les activités malveillantes et la falsification.

La présence de plusieurs nœuds dans un réseau blockchain améliore la résilience et la redondance du réseau. Même si un sous-ensemble de nœuds est déconnecté ou est compromis, le réseau blockchain peut continuer à fonctionner tant qu'un nombre suffisant de nœuds reste opérationnel. La disponibilité et la durabilité du réseau sont assurées par la redondance des données blockchain entre les nœuds, ce qui réduit les risques de perte ou de corruption de données.

Les nœuds blockchain contribuent à la démocratisation de la gouvernance blockchain. Dans les réseaux dotés de modèles de gouvernance décentralisés, tels que les DAO (organisations autonomes décentralisées) basées sur la blockchain, les nœuds participent aux processus de vote et de prise de décision. Cette structure de gouvernance inclusive permet aux parties prenantes de façonner collectivement l'orientation et les politiques futures du réseau blockchain.

La quantité de nœuds et leur puissance de calcul ont un impact sur les performances et l'évolutivité des réseaux blockchain. À mesure que le nombre de nœuds augmente, une congestion et une latence du réseau peuvent survenir, ce qui a un impact sur le débit des transactions. Équilibrer le nombre de nœuds avec les exigences d'évolutivité du réseau blockchain est un défi qui nécessite une optimisation et des mécanismes de consensus efficaces.

L'exploitation d'un nœud blockchain, en particulier d'un nœud complet ou d'un nœud minier, nécessite des ressources de calcul, une capacité de stockage et une bande passante réseau importantes. Ces besoins en ressources peuvent poser des défis, en particulier pour les participants individuels ou les appareils disposant de ressources limitées. Des optimisations, telles que des techniques d'élagage ou des calculs hors chaîne, peuvent être nécessaires pour réduire la charge en ressources et garantir une large participation.

Les nœuds de la blockchain s'appuient sur la connectivité et la synchronisation du réseau pour maintenir une copie à jour de la blockchain. Les perturbations du réseau, la latence ou les incohérences dans la propagation des informations peuvent entraîner des problèmes de synchronisation ou des forks dans la blockchain. Garantir une connectivité réseau robuste et des mécanismes de propagation de données efficaces est crucial pour maintenir l'intégrité et la cohérence de la blockchain entre les nœuds.

Les développements futurs pourraient explorer de nouveaux mécanismes d'incitation pour encourager une participation accrue des nœuds aux réseaux blockchain. Des incitations pourraient être conçues pour récompenser les opérateurs de nœuds pour leurs ressources informatiques, leur capacité de stockage ou leur contribution au processus de consensus. De tels mécanismes favorisent la décentralisation du réseau et garantiraient le fonctionnement continu d'un réseau robuste et résilient.

Des efforts de recherche et de développement sont en cours pour relever les défis d'évolutivité associés au nombre croissant de nœuds et au volume de transactions dans les réseaux blockchain. Des solutions telles que le partitionnement, les calculs hors chaîne ou les protocoles de couche deux visent à améliorer l'évolutivité des réseaux blockchain, garantissant un traitement efficace des transactions et des performances améliorées tout en maintenant la décentralisation.

Les systèmes d'identité et de réputation des nœuds blockchain peuvent évoluer pour renforcer la confiance et la responsabilité. Les identités de nœuds vérifiables et les scores de réputation peuvent aider les parties prenantes à évaluer la fiabilité et l'intégrité des nœuds participants. Ces systèmes contribuent à la sécurité et à la résilience globales du réseau blockchain, en atténuant les attaques potentielles et en favorisant un écosystème plus fiable.

Les nœuds blockchain servent d'épine dorsale à la confiance décentralisée et au consensus dans les réseaux blockchain. Leurs fonctions de participation, de vérification, de stockage et de communication contribuent à la sécurité, à la transparence et à la résilience du grand livre distribué. Les nœuds blockchain permettent une prise de décision décentralisée, valident les transactions et favorisent la confiance en l'absence d'autorités centralisées. Surmonter les défis d'évolutivité, encourager la participation des nœuds et optimiser les besoins en ressources sont des domaines clés pour le développement futur, garantissant la croissance et l'impact continus de la technologie blockchain.

Transactions et blocs

Les transactions et les blocs sont des composants fondamentaux de la technologie blockchain, formant l'épine dorsale des systèmes décentralisés, sécurisés et transparents. Les transactions représentent l'échange d'actifs ou d'informations numériques, tandis que les blocs servent de conteneurs qui regroupent les transactions et les relient dans une chaîne chronologique. Cette section explore les caractéristiques, les fonctions, le processus de validation et l'importance des transactions et des blocs dans la technologie blockchain, en soulignant leur rôle crucial pour garantir l'immuabilité et l'intégrité des registres distribués.

Dans le contexte de la technologie blockchain, une transaction fait référence au transfert d'actifs numériques ou d'informations d'un participant à un autre au sein du réseau. Les transactions peuvent impliquer différents types de données, notamment des transferts de crypto-monnaies, des exécutions de contrats intelligents ou des mises à jour d'enregistrements. Chaque transaction est identifiée de manière unique, horodatée et enregistrée sur le grand livre distribué de la blockchain.

La fonction principale des transactions dans la technologie blockchain est le transfert d'actifs numériques. Les crypto-monnaies, jetons ou autres représentations numériques de valeur peuvent être échangés de manière sécurisée et directe entre les participants sans avoir recours à des intermédiaires. Les transactions permettent des transferts de valeur peer-to-peer, facilitant les transactions économiques et l'inclusion financière.

Les transactions dans les réseaux blockchain permettent également l'exécution de contrats intelligents. Les contrats auto-exécutables, ou « contrats intelligents », comportent des règles spécifiées qui sont écrites en code. Les transactions

déclenchent
l'exécution de ces contrats, automatisent les processus et font respecter les termes et conditions convenus. Les transactions de contrats intelligents permettent le développement d'applications décentralisées (DApps) et l'automatisation de divers processus métiers.

Les transactions peuvent être utilisées pour mettre à jour ou ajouter des données sur le grand livre distribué de la blockchain. Cette fonctionnalité est particulièrement utile pour des applications telles que la gestion de la chaîne d'approvisionnement, les dossiers de santé ou les registres fonciers. En enregistrant les mises à jour des données sous forme de transactions, la blockchain fournit un historique transparent et vérifiable des modifications, garantissant ainsi l'intégrité et la responsabilité des données.

Les blocs sont des conteneurs qui regroupent les transactions dans une blockchain. Chaque bloc contient un ensemble de transactions, ainsi que des métadonnées supplémentaires telles qu'un horodatage, un identifiant unique (hachage) et une référence au bloc précédent de la chaîne. Les blocs servent de blocs de construction à la blockchain, formant une séquence chronologique qui garantit l'immuabilité et l'intégrité du grand livre distribué.

Les blocs jouent un rôle crucial dans la recherche d'un consensus au sein d'un réseau blockchain. Les mécanismes de consensus, tels que le Proof-of-Work (PoW) ou le Proof-of-Stake (PoS), impliquent des nœuds en compétition pour résoudre des énigmes mathématiques complexes afin de créer de nouveaux blocs. Le processus de validation garantit que seules les transactions légitimes sont incluses dans les blocs, évitant ainsi les doubles dépenses et préservant l'intégrité du grand livre distribué.

Les blocs servent de conteneurs pour les transactions et fournissent un moyen de vérifier la validité des transactions. Chaque bloc est lié à celui qui le précède, formant une chaîne qui relie toutes les transactions. En incluant les transactions dans des blocs, le réseau blockchain garantit que seules les transactions confirmées et validées font partie du dossier permanent.

Les blocs contribuent à la sécurité et à l'immuabilité de la blockchain. Une fois qu'un bloc est ajouté à la blockchain, modifier ou altérer son contenu nécessiterait de modifier les blocs suivants, ce qui rendrait le processus informatiquement irréalisable. Cette immuabilité garantit qu'une fois qu'une transaction est confirmée et ajoutée à un bloc, elle devient un enregistrement permanent et infalsifiable au sein de la blockchain.

Les transactions subissent un processus de validation avant d'être incluses dans un bloc. Le processus de validation varie en fonction du mécanisme de consensus utilisé par le réseau blockchain. Les nœuds du réseau vérifient l'authenticité, l'intégrité et la conformité des transactions selon des règles et protocoles prédéfinis. La validation garantit que seules les transactions valides et légitimes sont ajoutées à la blockchain, améliorant ainsi la confiance et l'intégrité du grand livre distribué.

Les mécanismes de consensus sont cruciaux pour déterminer quelles transactions sont incluses dans les blocs et ajoutées à la blockchain. Par consensus, les participants au réseau s'accordent collectivement sur l'état de la blockchain et garantissent la validité des transactions. Les mécanismes de consensus contribuent à la sécurité, à la confiance et à la décentralisation du réseau blockchain, en empêchant les activités malveillantes et en maintenant l'intégrité du grand livre distribué.

Les transactions et les blocs constituent la base des registres immuables de la technologie blockchain. Une fois qu'une transaction est confirmée et ajoutée à un bloc, elle devient un enregistrement permanent qui ne peut être ni modifié ni supprimé. L'immuabilité du grand livre distribué garantit l'intégrité des données, empêchant la fraude, la manipulation ou les modifications non autorisées. Les grands livres immuables fournissent un enregistrement fiable et vérifiable des transactions, favorisant la transparence et la responsabilité.

Arbres Merkle

Les arbres Merkle jouent un rôle crucial pour garantir l'intégrité, la sécurité et l'efficacité de la technologie blockchain. En fournissant une représentation compacte de grands ensembles de données et en permettant une vérification efficace de l'intégrité des données, les arbres Merkle constituent un composant fondamental des systèmes blockchain. Cette section explore les caractéristiques, les fonctions, le processus de construction et l'importance des arbres Merkle dans la technologie blockchain, soulignant leur rôle dans l'amélioration de l'intégrité des données, permettant une vérification efficace et améliorant les performances globales.

Une structure de données hiérarchique appelée arbre de Merkle, communément appelée arbre de hachage, organise les données de manière arborescente. Il permet une vérification et une validation efficaces d'ensembles de données volumineux à l'aide de fonctions de hachage cryptographique. Les arbres Merkle décomposent les données en unités plus petites, créant une structure arborescente dans laquelle chaque nœud non-feuille est un hachage de ses nœuds enfants, conduisant finalement à un hachage racine unique.

Les arbres Merkle garantissent l'intégrité et l'authenticité des données stockées dans une blockchain. En hachant des éléments de données individuels et en propageant ces hachages vers le haut, le hachage racine représente l'intégrité de l'ensemble de données. Cela permet aux participants du réseau de vérifier efficacement l'intégrité des données en comparant les hachages à différents niveaux de l'arborescence Merkle, garantissant ainsi que les données n'ont pas été falsifiées.

Les arbres Merkle permettent de vérifier efficacement si un élément de données spécifique est inclus ou non dans un ensemble de données. Au lieu de comparer l'ensemble des données, les participants peuvent vérifier l'inclusion ou la non-inclusion d'un élément spécifique en comparant un ensemble minimal de hachages dans l'arborescence Merkle. Ce processus de vérification efficace est particulièrement utile dans les systèmes blockchain comportant un grand nombre de transactions ou de saisies de données.

Les arbres Merkle sont essentiels pour valider les blocs et les transactions dans un réseau blockchain. Chaque bloc contient un arbre Merkle de hachages de transactions, où le hachage racine sert de résumé de toutes les transactions du bloc. Cela permet aux participants du réseau de vérifier l'intégrité de l'ensemble du bloc en comparant le hachage racine avec l'en-tête du bloc, garantissant ainsi que toutes les transactions sont incluses et n'ont pas été falsifiées.

Les arbres Merkle facilitent une synchronisation efficace des données au sein d'un réseau blockchain. Au lieu de transmettre l'intégralité de l'ensemble de données, les participants peuvent échanger uniquement les branches ou sous-arbres nécessaires de l'arbre Merkle. Cette approche réduit les besoins en bande passante du réseau, améliore la vitesse de synchronisation et permet une vérification efficace des données entre les participants.

La construction d'un arbre Merkle commence par hacher des éléments de données individuels, tels que des données de transaction, pour générer des valeurs de hachage. Les fonctions de hachage cryptographique, telles que SHA-256, SHA-3 ou Blake2, sont couramment utilisées pour garantir la sécurité et l'unicité des valeurs de hachage. Les valeurs de hachage sont ensuite appariées et concaténées, formant une nouvelle valeur de hachage qui représente les données combinées. Ce processus est répété de manière itérative jusqu'à ce qu'un seul hachage, appelé hachage racine ou racine Merkle, soit obtenu. Chaque itération forme un niveau dans l'arborescence Merkle, le nombre de niveaux étant déterminé par le nombre d'éléments de données.

Si le nombre d'éléments de données est impair, le dernier élément est dupliqué, créant ainsi un nombre pair d'éléments à appairer. Cela garantit l'exhaustivité et l'équilibre de la structure arborescente de Merkle.

Les arbres Merkle fournissent un mécanisme fiable pour garantir l'intégrité des données au sein des réseaux blockchain. La structure hiérarchique et les hachages cryptographiques rendent impossible, sur le plan informatique, la falsification des données sans détection. Les arbres Merkle améliorent la sécurité et la fiabilité des systèmes blockchain en permettant une vérification efficace de la cohérence des données et une protection contre la falsification.

Les arbres Merkle améliorent considérablement l'efficacité des processus de vérification et de validation des données dans les réseaux blockchain. Au lieu de comparer l'intégralité de l'ensemble de données ou du bloc, les participants peuvent vérifier l'intégrité des données en comparant un ensemble minimal de hachages. Cela réduit les besoins de calcul, la bande passante du réseau et les frais de stockage, ce qui se traduit par des opérations de blockchain plus rapides et plus évolutives.

Les arbres Merkle permettent la divulgation sélective d'éléments de données spécifiques tout en préservant la confidentialité des autres participants. En fournissant une représentation compacte des données, les participants peuvent divulguer uniquement les branches ou sous-arbres nécessaires sans révéler l'intégralité de l'ensemble de données. Cette fonctionnalité de divulgation sélective contribue à la préservation de la confidentialité dans les systèmes blockchain, en particulier dans les scénarios où la confidentialité est requise.

Les arbres Merkle améliorent les performances globales et l'évolutivité des réseaux blockchain. La complexité temporelle logarithmique de la vérification de l'arbre Merkle garantit une validation efficace des données, quelle que soit la taille de l'ensemble de données. Cette fonctionnalité d'évolutivité permet aux réseaux blockchain de gérer un grand nombre de transactions ou d'entrées de données tout en maintenant des opérations rapides et fiables.

Les arbres Merkle s'appuient sur la résistance aux collisions des fonctions de hachage pour garantir la sécurité et l'intégrité des données. Si une fonction de hachage devait avoir une collision, où différentes entrées produisent le même résultat, cela pourrait compromettre l'intégrité de l'arbre Merkle. Par conséquent, il est essentiel d'utiliser des fonctions de hachage bien vérifiées et sécurisées pour maintenir la robustesse de la structure arborescente Merkle.

À mesure que les réseaux blockchain continuent de croître, l'évolutivité des arbres Merkle devient une considération. Avec un nombre croissant de transactions ou de saisies de données, la taille des arbres Merkle peut devenir importante, nécessitant davantage de ressources informatiques pour la vérification et le stockage. Des optimisations, telles que des arbres Merkle partiels ou des structures de données alternatives, peuvent être explorées pour relever les défis d'évolutivité.

Une synchronisation efficace des arbres Merkle entre les participants est cruciale pour maintenir un réseau blockchain cohérent et fiable. Garantir l'échange en temps opportun des branches ou sous-arborescences nécessaires nécessite des protocoles de communication efficaces et une gestion de la bande passante réseau. Les optimisations de réseau et les protocoles peer-to-peer peuvent améliorer l'efficacité de la synchronisation dans les systèmes blockchain.

Les preuves Merkle, preuves cryptographiques qui démontrent la présence ou l'absence de données dans un arbre Merkle, peuvent être explorées plus en détail pour améliorer l'efficacité et la confidentialité des opérations blockchain. De plus, l'intégration de preuves sans connaissance avec les arbres Merkle peut permettre une vérification efficace de l'intégrité des données tout en préservant la confidentialité, élargissant ainsi la gamme d'applications possibles de la blockchain.

Les arbres Merkle font partie intégrante de diverses solutions de blockchain évolutives, telles que les sidechains, les canaux d'état et les protocoles de couche deux. Ces solutions exploitent les arbres Merkle pour minimiser le stockage et la vérification des données en chaîne, réduisant ainsi la charge sur la blockchain principale tout en maintenant la sécurité et l'intégrité du système. Les arbres Merkle continueront de jouer un rôle essentiel dans la mise en place de technologies blockchain évolutives et efficaces.

Exploitation minière et validation

L'exploitation minière et la validation font partie intégrante de la technologie blockchain, jouant un rôle crucial dans la recherche d'un consensus, le maintien de la sécurité et l'intégrité des registres distribués. Le minage implique le processus informatique de création de nouveaux blocs et de leur ajout à la blockchain, tandis que la validation vérifie l'exactitude et la légitimité des transactions. Cette section explore les caractéristiques, les fonctions, les processus et l'importance de l'exploitation minière et de la validation dans la technologie blockchain, en soulignant leur rôle pour garantir le consensus, la sécurité et la confiance au sein des réseaux décentralisés.

Le minage dans la blockchain fait référence au processus de création de nouveaux blocs et de leur ajout au grand livre distribué. Les mineurs, participants spécialisés au sein du réseau, s'affrontent pour résoudre des énigmes mathématiques complexes en utilisant la puissance de calcul. Le mineur qui réussit est récompensé par la nouvelle crypto-monnaie et les frais de transaction associés au bloc.

Le minage joue un rôle déterminant dans la recherche d'un consensus au sein d'un réseau blockchain. Grâce au mécanisme de consensus PoW, les mineurs s'affrontent pour résoudre des énigmes mathématiques complexes, le mineur qui réussit ayant le pouvoir d'ajouter un nouveau bloc à la blockchain. La formation d'un consensus garantit que tous les participants s'accordent sur la validité et l'ordre des transactions, maintenant ainsi l'intégrité et l'immuabilité du grand livre distribué.

Le minage implique la création de nouveaux blocs, qui servent de conteneurs pour les transactions. Les mineurs sélectionnent un ensemble de transactions en attente et les incluent dans le bloc qu'ils exploitent. En créant de nouveaux blocs, les mineurs contribuent à la croissance de la blockchain et permettent le traitement et l'enregistrement des transactions au sein du réseau.

Le minage joue un rôle essentiel dans la sécurité des réseaux blockchain. La puissance de calcul requise pour le minage a un effet dissuasif contre les activités malveillantes, car il devient de plus en plus difficile et coûteux de manipuler la blockchain. La nature décentralisée du minage empêche également une seule entité de contrôler la majorité de la puissance de calcul, de protéger le réseau contre les attaques potentielles et de maintenir la décentralisation et la confiance du système.

La validation dans la blockchain fait référence au processus de vérification de l'exactitude, de la légitimité et de l'intégrité des transactions et des blocs. Les validateurs, également appelés nœuds, participent au processus de validation pour garantir que les transactions respectent les règles prédéfinies et les protocoles de consensus du réseau blockchain.

L'exploration et la validation garantissent un consensus entre les participants du réseau, établissant la confiance et permettant une prise de décision décentralisée. Grâce au mécanisme de consensus PoW, le minage parvient à un accord sur l'état de la blockchain, tandis que la validation garantit l'exactitude et l'intégrité des transactions. Le consensus et la confiance sont des éléments cruciaux dans les réseaux blockchain, car ils éliminent le besoin d'intermédiaires centralisés et favorisent un environnement transparent et sécurisé.

L'effort de calcul requis pour le minage et le processus de validation contribuent à la sécurité et à la résistance aux attaques dans les réseaux blockchain. Le minage garantit que les blocs sont créés de manière décentralisée, ce qui rend difficile la manipulation de la blockchain par des acteurs malveillants. La validation vérifie l'exactitude et la légitimité des transactions, empêchant ainsi l'inclusion d'activités frauduleuses ou malveillantes dans la blockchain. Les efforts combinés d'exploration et de validation établissent un cadre de sécurité robuste, préservant l'intégrité du grand livre distribué.

L'exploitation minière fournit une structure d'incitation qui encourage la participation et l'activité économique au sein des réseaux blockchain. Les mineurs sont récompensés par des crypto-monnaies pour leurs efforts de calcul, contribuant ainsi à la sécurité et à la stabilité du réseau. La validation permet également une participation économique, dans la mesure où les validateurs peuvent recevoir des frais de transaction ou d'autres incitations pour leur rôle dans la vérification et la validation des transactions. Ces incitations économiques favorisent la participation au réseau, renforcent la sécurité et favorisent la croissance de l'écosystème blockchain.

La consommation d'énergie associée à l'exploitation minière, en particulier dans les réseaux blockchain basés sur PoW, a suscité des inquiétudes quant à son impact environnemental. La puissance de calcul requise pour le minage se traduit par une consommation d'énergie élevée. La recherche et le développement en cours se concentrent sur des mécanismes de consensus alternatifs, tels que les algorithmes de preuve de participation ou d'exploitation minière économes en énergie, pour relever ces défis.

La concentration du pouvoir minier entre les mains de quelques participants peut présenter des risques pour la décentralisation et la sécurité. Si une seule entité ou un groupe contrôle la majorité de la puissance de calcul, il pourrait potentiellement manipuler la blockchain ou compromettre l'intégrité du réseau. Atténuer les risques de centralisation nécessite des efforts pour répartir le pouvoir minier entre un ensemble diversifié de participants et explorer des mécanismes de consensus alternatifs qui encouragent la participation décentralisée.

Le processus de validation dans les réseaux blockchain est confronté à des défis d'évolutivité à mesure que le nombre de transactions et de participants au réseau augmente. À mesure que la blockchain se développe, le processus de validation devient intensif en termes de calcul, ce qui peut entraîner des goulots d'étranglement et des délais de confirmation des transactions plus lents. Les efforts de recherche et développement se concentrent sur des solutions d'évolutivité, telles que le partitionnement ou le calcul hors chaîne, pour relever ces défis et permettre une validation plus efficace.

Les développements futurs des mécanismes de consensus visent à relever les défis de l'exploitation minière, tels que la consommation d'énergie et les risques de centralisation. Des innovations telles que les algorithmes de consensus de preuve de participation, de preuve de participation déléguée ou de tolérance aux pannes byzantines offrent des approches alternatives qui réduisent la consommation d'énergie, améliorent l'évolutivité et encouragent une participation plus large aux réseaux blockchain.

Les progrès de l'automatisation et de l'intelligence artificielle (IA) pourraient rationaliser le processus de validation dans les réseaux blockchain. Les algorithmes basés sur l'IA et les techniques d'apprentissage automatique peuvent aider à la vérification des transactions, à la détection des anomalies et à la prévention de la fraude. L'IA et l'automatisation ont le potentiel d'améliorer l'efficacité, la précision et l'évolutivité de la validation, améliorant ainsi les performances globales des réseaux blockchain.

ChapitreV : Principalesplates-formesBlockchain

Bitcoin

Bitcoin, la crypto-monnaie pionnière, est devenue l'une des principales plateformes de blockchain, révolutionnant le concept de monnaie numérique et de transactions financières. Construit sur un registre décentralisé et immuable, Bitcoin a gagné en reconnaissance et en adoption depuis son introduction en 2009. Dans cet essai, nous explorerons les caractéristiques, les fonctions, l'impact et les défis de Bitcoin en tant que plate-forme majeure de blockchain, en soulignant son rôle dans la refonte du marché. paysage financier, favorisant la confiance et permettant des transactions sans frontières.

Bitcoin, introduit par la personne ou le groupe pseudonyme connu sous le nom de Satoshi Nakamoto, est la première monnaie numérique décentralisée. Il fonctionne sur un réseau peer-to-peer, utilisant la technologie blockchain pour permettre des transactions sécurisées, transparentes et résistantes à la censure. Bitcoin a introduit le concept d'un système financier décentralisé et sans confiance, remettant en question les modèles bancaires centralisés traditionnels.

Bitcoin permet des transactions peer-to-peer, permettant aux individus d'effectuer des transactions directement sans avoir recours à des intermédiaires tels que des banques ou des processeurs de paiement. Cette désintermédiation donne du pouvoir aux individus en leur donnant un contrôle total sur leurs transactions financières, réduisant ainsi leur dépendance à l'égard des institutions centralisées et réduisant potentiellement les coûts de transaction.

Bitcoin est devenu une réserve de valeur, servant de classe d'actifs numériques offrant un potentiel d'appréciation de la valeur à long terme. Son offre limitée, sa nature décentralisée et son acceptation croissante comme moyen d'échange contribuent à son attrait en tant que réserve de valeur, semblable à l'or ou à d'autres actifs traditionnels.

Bitcoin facilite les transactions sans frontières, éliminant le besoin de conversions de devises ou d'intermédiaires dans les paiements transfrontaliers. Avec Bitcoin, les particuliers peuvent envoyer et recevoir des fonds dans le monde entier sans les limitations et frais associés aux systèmes bancaires traditionnels. Cette fonctionnalité ouvre de nouvelles opportunités pour l'inclusion financière et le commerce mondial.

Bitcoin offre aux individus une souveraineté financière, leur permettant d'avoir un contrôle total sur leurs fonds et leurs décisions financières. Avec Bitcoin, les individus peuvent gérer leur richesse de manière indépendante, sans restrictions potentielles, contrôles de capitaux ou censure imposées par les autorités centralisées.

La nature décentralisée du Bitcoin et les transactions peer-to-peer constituent un défi potentiel pour les systèmes bancaires traditionnels. À mesure que les individus adoptent Bitcoin, ils peuvent contourner les services bancaires traditionnels pour les transactions financières de base, réduisant ainsi potentiellement le besoin d'intermédiaires bancaires traditionnels.

Bitcoin a le potentiel de favoriser l'inclusion financière, en particulier dans les régions ayant un accès limité aux services bancaires. Avec un smartphone et une connexion Internet, les individus peuvent participer au réseau Bitcoin, leur permettant de stocker de la valeur, d'effectuer des transactions et d'accéder à des services financiers sans comptes bancaires traditionnels.

Bitcoin a déclenché une vague d'innovation et d'entrepreneuriat dans l'espace blockchain. La technologie sous-jacente a inspiré le développement de nombreuses applications, de plateformes de finance décentralisée (DéFi) et de solutions basées sur la blockchain, favorisant la croissance d'un écosystème dynamique et repoussant les limites des systèmes financiers traditionnels.

Bitcoin est confronté à des défis d'évolutivité, avec des limitations sur le débit des transactions et les délais de confirmation. À mesure que le nombre de transactions Bitcoin augmente, le réseau peut connaître une congestion et des frais plus élevés. La recherche et le développement en cours se concentrent sur la mise à l'échelle de solutions telles que le réseau Lightning ou les protocoles de couche deux pour relever ces défis.

La nature décentralisée et pseudonyme de Bitcoin présente des défis réglementaires et juridiques. Les gouvernements et les organismes de réglementation s'efforcent de formuler des réglementations appropriées pour résoudre des problèmes tels que le blanchiment d'argent, la conformité fiscale et la protection des consommateurs, tout en équilibrant les considérations d'innovation et de confidentialité.

Le minage de Bitcoin, qui repose sur des algorithmes PoW énergivores, a attiré l'attention sur son impact environnemental. La consommation d'énergie associée à l'exploitation minière a suscité des discussions sur les pratiques minières durables et l'exploration de mécanismes de consensus alternatifs, tels que le Proof-of-Stake, qui consomment moins d'énergie.

La communauté Bitcoin explore activement des solutions en couches et des améliorations à grande échelle pour améliorer l'efficacité et le débit du réseau. Des technologies telles que Lightning Network visent à faciliter des transactions plus rapides et plus évolutives en effectuant des transactions hors chaîne tout en maintenant la sécurité de la blockchain Bitcoin sous-jacente.

Les entreprises et les institutions financières populaires adoptent de plus en plus Bitcoin au niveau institutionnel, car elles voient son potentiel en tant que classe d'actifs et réserve de valeur. L'intégration croissante du Bitcoin dans les systèmes financiers traditionnels, comme l'introduction de fonds négociés en bourse (ETF) ou de services de garde Bitcoin, pourrait favoriser une acceptation et une adoption plus larg es.

Des améliorations de la confidentialité sont en cours de développement pour répondre à la nature pseudonyme des transactions Bitcoin. Des technologies telles que Confidential Transactions et Schnorr Signatures visent à améliorer la confidentialité, en rendant les transactions plus fongibles et en protégeant les informations financières des participants.

Ethereum

Ethereum est devenu l'une des principales plates-formes blockchain, révolutionnant le concept d'applications décentralisées (D'Apps) et de contrats intelligents. Construit sur une blockchain programmable, Ethereum permet aux développeurs de créer et de déployer des applications, des contrats et des protocoles innovants. Cette section explore les caractéristiques, les fonctions, l'impact et les défis de Ethereum en tant que plate-forme majeure de blockchain, soulignant son rôle dans la promotion de la décentralisation, permettant l'exécution de contrats intelligents et alimentant un écosystème dynamique de DApps.

Ethereum, proposé par Vitalik Buterin en 2013 et lancé en 2015, a introduit le concept de blockchain programmable. Contrairement au Bitcoin, qui sert principalement de monnaie numérique, Ethereum permet aux développeurs de créer et de déployer des applications décentralisées et des contrats intelligents. La crypto-monnaie native d'Ethereum s'appelle Ether (ETH).

Les DApp fonctionnent sur un réseau d'ordinateurs décentralisé plutôt que sur un serveur centralisé, et Ethereum permet de les créer et de les déployer. Les DApp exploitent la nature transparente et immuable de la blockchain, offrant transparence, sécurité et résistance à la censure.

La prise en charge par Ethereum des contrats intelligents permet l'automatisation et l'exécution d'accords sans avoir besoin d'intermédiaires. Les contrats intelligents permettent des processus auto-exécutables, appliquent des règles prédéfinies et facilitent les transactions de manière transparente et sans confiance. Ils ont des applications dans divers secteurs, notamment la finance, la gestion de la chaîne d'approvisionnement, la gouvernance, etc.

La programmabilité de Ethereum a facilité la création de jetons et la possibilité de lancer des offres initiales de pièces (ICO) ou des ventes de jetons. Les jetons peuvent représenter divers actifs, tels que des jetons utilitaires, des jetons de sécurité ou des jetons de gouvernance, permettant des modèles de collecte de fonds innovants et la création d'économies symboliques.

Ethereum a introduit le concept de normes ETC, qui sont des spécifications techniques garantissant la compatibilité et l'interopérabilité entre les différents jetons et DApp basés sur Ethereum. Des normes telles que ERC-20 (jetons fongibles) et

ERC-721 (jetons non fongibles) ont été largement adoptées, facilitant la tokenisation et l'interaction transparente entre les différents projets.

Le développement d'applications pour la finance décentralisée (DéFi) a été considérablement aidé par Ethereum. Les protocoles DéFi basés sur Ethereum permettent des services financiers tels que les prêts, les emprunts, les échanges décentralisés et l'agriculture de rendement. La composabilité et la programmabilité de Ethereum ont alimenté la croissance rapide de DéFi, ouvrant de nouvelles opportunités d'inclusion financière et d'innovation.

La capacité de Ethereum à créer et à gérer des jetons a révolutionné le concept de propriété d'actifs. La tokenisation permet une propriété fractionnée, une liquidité accrue et une transférabilité plus facile d'actifs tels que l'immobilier, les œuvres d'art ou la propriété intellectuelle. Ethereum a ouvert la voie à l'émergence d'économies symboliques, permettant de nouvelles formes d'échange de valeurs et de représentation de la propriété.

La programmabilité de Ethereum et son environnement convivial pour les développeurs ont favorisé un écosystème dynamique de développeurs, d'entrepreneurs et de passionnés. La communauté Ethereum collabore activement, partage ses connaissances et crée des solutions innovantes. Cet écosystème a donné naissance à une multitude de DApp, d'outils, de bibliothèques et de frameworks qui contribuent à la croissance et à la maturation de l'espace blockchain.

Ethereum est confronté à des défis d'évolutivité, notamment en ce qui concerne le débit des transactions et la congestion du réseau. À mesure que le nombre de DApps et d'utilisateurs augmente, le réseau peut connaître des goulots d'étranglement et des frais de gaz plus élevés. Les efforts de recherche et développement en cours se concentrent sur Ethereum 2.0 et des solutions telles que le partitionnement et les protocoles de couche deux pour relever les défis d'évolutivité.

Le coût des frais de gaz pour l'exécution de transactions et de contrats intelligents sur Ethereum a fait l'objet de discussions. Pendant les périodes de forte congestion du réseau, les frais de gaz peuvent devenir prohibitifs, ce qui a un impact sur l'expérience utilisateur et la convivialité de la plateforme. Les améliorations en matière d'évolutivité et l'adoption de solutions de couche deux visent à atténuer ce problème.

Ethereum, comme beaucoup d'autres plateformes blockchain, s'appuie sur des mécanismes de consensus énergivores, tels que PoW. Cette consommation d'énergie a suscité des inquiétudes quant à l'impact environnemental. Les efforts visant à faire passer Ethereum de PoW à Proof-of-Stake (PoS) dans Ethereum 2.0 visent à réduire la consommation d'énergie et à accroître la durabilité.

Ethereum 2.0 représente une mise à niveau significative de la plate-forme, passant du consensus PoW au PoS et introduisant des améliorations en matière d'évolutivité. La mise en œuvre de Ethereum 2.0 améliorera les performances du réseau, réduira la consommation d'énergie et augmentera le débit des transactions, répondant ainsi aux défis actuels et préparant la croissance future.

Des solutions de couche deux, telles que les canaux d'état, les sidechains et les rollups, sont en cours de développement pour améliorer l'évolutivité et réduire les coûts sur le réseau Ethereum. Ces solutions visent à gérer un grand volume de transactions hors chaîne, garantissant des transactions plus rapides et moins chères tout en bénéficiant de la sécurité et de la décentralisation du réseau principal Ethereum.

L'évolution deEthereum sera motivée par l'innovation et l'adoption continue. Les améliorations apportées aux outils de développement, à l'expérience utilisateur et aux modèles de gouvernance attireront davantage de développeurs et d'utilisateurs vers la plateforme. De plus, l'intégration de Ethereum avec d'autres technologies émergentes telles que le stockage décentralisé et les réseaux Oracle ouvrira de nouvelles possibilités pour les DApp et l'exécution de contrats intelligents.

Ondulation

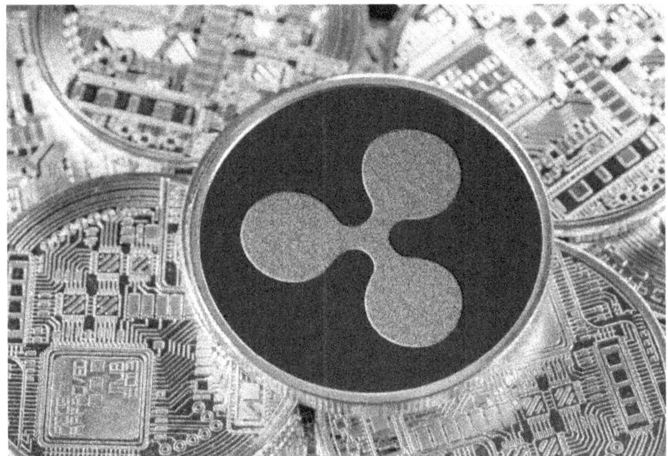

Ripple est devenu l'une des principales plateformes de blockchain, transformant le paysage des paiements et des transactions financières transfrontalières. Construit sur XRP Ledger, un système de registre distribué, Ripple cherche à proposer des transactions internationales rapides, sûres et abordables. Cette section explore les caractéristiques, les fonctions, l'impact et les défis de Ripple en tant que plateforme blockchain majeure, en soulignant son rôle dans l'amélioration de l'interopérabilité financière mondiale, la facilitation des paiements transfrontaliers efficaces et la promotion des partenariats avec les institutions financières.

Ripple, initialement lancé en 2012, vise à révolutionner la manière dont les institutions financières règlent les paiements transfrontaliers. Il fournit un réseau décentralisé pour un transfert transparent de valeur et fonctionne sur XRP Ledger, une technologie de grand livre distribué conçue spécifiquement pour des transactions rapides et efficaces. La fonction principale de Ripple est de rationaliser les paiements transfrontaliers, offrant ainsi une alternative plus efficace aux systèmes traditionnels. En tirant parti de la technologie blockchain et du XRP Ledger, Ripple permet des délais de règlement plus rapides, des coûts de transaction réduits et une transparence améliorée dans les transactions transfrontalières.

La crypto-monnaie XRP de Ripple sert de monnaie relais dans les transactions transfrontalières, fournissant des liquidités et facilitant l'échange de devises instantané. Le service de liquidité à la demande (ODL) permet aux institutions financières d'exploiter le XRP pour obtenir des liquidités en temps réel, réduisant ainsi le besoin de comptes préfinancés dans différentes devises.

Ripple promeut l'interopérabilité financière en connectant différents réseaux de paiement et en facilitant des transactions transparentes entre les institutions financières. Son protocole permet une communication sécurisée et standardisée, permettant une intégration et une collaboration plus faciles entre les différentes parties prenantes de l'écosystème financier.

Le réseau de Ripple, connu sous le nom de Ripple et, connecte les institutions financières, les prestataires de services de paiement et d'autres participants à l'écosystème mondial des paiements. Ripple a noué des partenariats avec de nombreuses banques et institutions financières dans le monde entier, leur permettant de tirer parti de la technologie de Ripple pour des paiements transfrontaliers plus rapides et plus rentables.

La technologie de Ripple a considérablement amélioré la rapidité et l'efficacité des paiements transfrontaliers. Les systèmes traditionnels impliquent souvent plusieurs intermédiaires et le règlement des transactions peut prendre plusieurs jours. Le protocole de Ripple permet un règlement quasi instantané, réduisant les délais de transaction à quelques secondes et améliorant l'efficacité globale des paiements transfrontaliers.

Les transactions à faible coût de Ripple ont le potentiel de réduire considérablement les coûts associés aux paiements transfrontaliers. En éliminant le besoin de plusieurs intermédiaires, en minimisant les frais et en réduisant le capital immobilisé dans les comptes préfinancés, Ripple offre une solution rentable aux institutions financières et aux utilisateurs finaux.

La technologie de Ripple a le potentiel de favoriser l'inclusion financière en rendant les transactions transfrontalières plus accessibles et abordables, en particulier pour les particuliers et les entreprises des régions mal desservies. En permettant des transferts de fonds plus rapides et moins chers, Ripple peut contribuer à une plus grande inclusion financière et à une plus grande autonomisation économique.

Comme Ripple facilite les transactions transfrontalières, il opère dans les cadres réglementaires de différentes juridictions. La conformité aux réglementations et aux normes présente des défis et des considérations pour Ripple et ses partenaires, nécessitant une collaboration continue avec les autorités réglementaires pour garantir la conformité aux réglementations Know Your Customer (KYC) ainsi qu'aux réglementations anti-blanchiment d'argent (AML).

Bien que Ripple ait noué des partenariats avec de nombreuses institutions financières, l'adoption généralisée de la technologie de Ripple est toujours en cours. L'intégration avec les systèmes bancaires existants, l'établissement de la confiance et de la familiarité, et la réponse aux préoccupations liées à la volatilité et à la conformité réglementaire sont des facteurs qui ont un impact sur l'adoption des solutions Ripple.

Ripple a fait l'objet de critiques concernant le niveau de décentralisation de son réseau, car certains affirment que Ripple exerce un contrôle sur une partie importante des jetons XRP. Cette perception remet en question l'idée d'une décentralisation complète inhérente à de nombreuses plateformes blockchain.

Ripple explore l'intégration potentielle des monnaies numériques des banques centrales (CBDC) au sein de son réseau. La collaboration entre Ripple et les banques centrales vise à tirer parti de la technologie blockchain pour l'émission, le transfert et le règlement des CBDC, améliorant ainsi l'interopérabilité financière et les transactions transfrontalières.

L'accent mis par Ripple sur les partenariats avec les institutions financières et les prestataires de services de paiement continuera de stimuler la croissance de son réseau. En élargissant son réseau de participants Ripple Net, Ripple vise à établir une infrastructure mondiale permettant des paiements transfrontaliers plus rapides et plus rentables et une liquidité accrue.

Ripple contribue activement aux efforts de normalisation au sein des secteurs de la blockchain et des paiements. Les collaborations avec des organisations comme la Fondation Inter Ledger visent à établir des normes et des protocoles communs qui favorisent l'interopérabilité et la connectivité entre les différents réseaux et systèmes de paiement.

Hyper grand livre

Hyperledger est devenu l'une des principales plates-formes blockchain, se concentrant sur le développement de cadres et d'outils open source pour les solutions blockchain de niveau entreprise. Dirigée par la Linux Foundation, Hyperledger vise à fournir des plates-formes robustes et interopérables qui permettent aux entreprises de créer et de déployer des réseaux blockchain sécurisés, évolutifs et autorisés. Cette section explore les caractéristiques, les fonctions, l'impact et les défis d'Hyperledger en tant que plate-forme blockchain majeure, en soulignant son rôle dans la promotion de la collaboration, la stimulation de l'innovation et l'avancement de l'adoption de la technologie blockchain dans les environnements d'entreprise.

La Linux Foundation a présenté Hyperledger en tant que projet collaboratif open source en 2015. Il comprend un ensemble de frameworks, d'outils et de bibliothèques qui facilitent le développement de solutions blockchain d'entreprise. Contrairement aux blockchains publiques comme Bitcoin ou Ethereum, Hyperledger se concentre sur les réseaux blockchain autorisés, privés et de consortium.

Hyperledger fournit une base pour des transactions sécurisées et privées au sein des réseaux blockchain d'entreprise. Avec les réseaux autorisés, les participants contrôlent qui peut rejoindre et accéder au réseau, garantissant ainsi la confidentialité des données et la protection des informations commerciales sensibles.

Les frameworks Hyperledger permettent l'automatisation des processus métier grâce à l'utilisation de contrats intelligents. Les contrats intelligents définissent les règles et conditions d'exécution des transactions, rationalisent et automatisent les flux de travail complexes, réduisent les interventions manuelles et améliorent l'efficacité opérationnelle.

L'accent mis par Hyperledger sur l'interopérabilité permet la collaboration et l'intégration avec les systèmes d'entreprise existants. Les entreprises peuvent tirer parti des cadres Hyperledger pour connecter différentes parties prenantes, systèmes et processus, permettant ainsi un partage transparent des données, une intégration de la chaîne d'approvisionnement et une optimisation de la chaîne de valeur.

Hyperledger facilite la création de consortiums et de réseaux blockchain spécifiques à un secteur, où plusieurs organisations collaborent pour relever des défis communs et améliorer l'efficacité opérationnelle. Ces réseaux favorisent la confiance, la transparence et le partage de données entre les membres du consortium, améliorant ainsi la visibilité de la chaîne d'approvisionnement et rationalisant les processus commerciaux.

Hyperledger a joué un rôle central dans l'adoption de la blockchain dans les environnements d'entreprise. En fournissant des cadres et des outils open source, Hyperledger réduit les barrières à l'entrée pour les entreprises intéressées à explorer la technologie blockchain. Il propose une approche standardisée, réduisant la complexité et les coûts associés au développement de solutions blockchain personnalisées à partir de zéro.

La polyvalence et la modularité d'Hyperledger ont conduit à un large éventail de cas d'utilisation dans tous les secteurs. Il a été déployé dans des secteurs tels que la finance, la gestion de la chaîne d'approvisionnement, la santé, la logistique, etc. Les frameworks d'Hyperledger offrent la flexibilité nécessaire pour adapter les solutions blockchain aux exigences spécifiques du secteur, en résolvant les problèmes et en libérant de nouvelles efficacités.

Hyperledger favorise la collaboration et le partage des connaissances au sein de la communauté blockchain. En réunissant des leaders du secteur, des développeurs et des organisations, Hyperledger fournit une plate-forme de partage des meilleures pratiques, des normes et des recherches, favorisant ainsi l'innovation et l'avancement de la technologie blockchain dans les entreprises.

Le développement et le déploiement de solutions blockchain basées sur Hyperledger nécessitent une expertise technique et une compréhension des concepts de blockchain. Les organisations devront peut-être investir dans la formation ou rechercher des partenariats avec des sociétés de développement de blockchain pour surmonter la courbe d'apprentissage et garantir une mise en œuvre réussie.

Les frameworks Hyper Ledger offrent une flexibilité dans le choix des modèles de gouvernance et de consensus. Cependant, déterminer la structure de gouvernance appropriée et le mécanisme de consensus qui correspondent aux objectifs et aux exigences d'un réseau blockchain spécifique peut être une tâche complexe.

L'intégration de solutions blockchain avec les systèmes existants et l'infrastructure d'entreprise pose des défis en termes de compatibilité des données, de problèmes de confidentialité et de garantie d'une transition en douceur. Les organisations doivent planifier et exécuter soigneusement des stratégies d'intégration pour maximiser les avantages des solutions blockchain basées sur Hyperledger.

Hyperledger continue de se concentrer sur l'amélioration de l'interopérabilité entre les différentes plateformes et réseaux blockchain. Les efforts visant à développer des normes et des protocoles communs faciliteront le partage transparent des données, les transactions inter-chaînes et l'interopérabilité entre Hyperledger et d'autres écosystèmes blockchain.

À mesure que les réseaux blockchain d'entreprise gagnent en ampleur et en complexité, les cadres d'Hyperledger évoluent pour relever les défis d'évolutivité et de performances. Les efforts de recherche et développement se concentrent sur l'optimisation des algorithmes de consensus, l'amélioration du débit du réseau et l'intégration de solutions innovantes pour améliorer les performances.

Hyperledger explore l'intégration avec des technologies émergentes telles que l'IoT, l'IA et les solutions d'identité décentralisées. Ces intégrations ouvrent de nouvelles possibilités pour l'échange sécurisé de données IoT, la prise de décision basée sur l'IA et la gestion des identités vérifiable et décentralisée.

Autres plateformes importantes

Bien que certaines des plateformes blockchain les plus connues incluent Bitcoin, Ethereum, Ripple et Hyperledger, l'écosystème blockchain est immense et diversifié, avec de nombreuses autres plateformes bien connues. Ces plateformes offrent des attributs, des capacités et des cas d'utilisation spéciaux qui facilitent le développement et l'adoption de la technologie blockchain à l'échelle de l'industrie. Cette section examine un certain nombre d'autres systèmes de blockchain bien connus, en mettant l'accent sur leurs caractéristiques, leurs avantages, leurs inconvénients et leurs contributions au développement d'un avenir décentralisé.

Stellar est une plateforme blockchain open source conçue pour les paiements transfrontaliers rapides et peu coûteux. Il permet l'émission et le transfert d'actifs numériques, ce qui le rend adapté aux cas d'utilisation de tokenisation. Stellar utilise un
mécanisme de consensus fédéré et fonctionne sur le protocole de consensus Stellar (SCP), qui garantit la sécurité et l'évolutivité.

La fonction principale de Stellar est de faciliter les paiements et les envois de fonds transfrontaliers. Il connecte les institutions financières, les prestataires de paiement et les particuliers du monde entier, permettant ainsi des transactions rapides et rentables dans différentes devises. De plus, Stellar prend en charge la tokenisation, permettant la création et la gestion d'actifs numériques à diverses fins, telles que des points de fidélité, des pièces stables ou des jetons adossés à des actifs.

L'accent mis par Stellar sur les paiements transfrontaliers et la tokenisation a le potentiel d'améliorer l'inclusion financière et de rationaliser les transactions financières mondiales. Toutefois, les défis incluent la conformité réglementaire, l'évolutivité et l'établissement de partenariats avec des institutions financières pour favoriser une adoption plus large.

Corda, développée par R3, est une plateforme blockchain conçue spécifiquement pour les cas d'utilisation en entreprise. Il met l'accent sur la confidentialité et la sécurité en permettant des transactions sécurisées et le partage de données sensibles au sein d'un réseau autorisé. Corda utilise un algorithme de consensus unique appelé service Notaire, qui garantit la finalité et la confidentialité des transactions.

Les fonctions clés de Corda consistent notamment à faciliter les transactions sécurisées et privées, à automatiser les processus commerciaux complexes via des contrats intelligents et à permettre le partage sécurisé de données entre les participants. Ses fonctionnalités de confidentialité rendent Corda adapté aux secteurs qui exigent la confidentialité des données, tels que la finance, la santé et la gestion de la chaîne d'approvisionnement.

L'accent mis par Corda sur la confidentialité et les solutions d'entreprise a attiré l'attention des institutions financières et d'autres secteurs. Ses défis incluent l'établissement d'une gouvernance du réseau, l'intégration avec les systèmes existants et l'interopérabilité avec d'autres plates-formes blockchain.

Les applications décentralisées (DApps) peuvent être développées et déployées sur la blockchain à l'aide de la plateforme EOS. Il utilise un mécanisme de consensus de preuve de participation déléguée (DoS), permettant un débit de transaction élevé et une faible latence. EOS offre un environnement convivial pour les développeurs avec des ressources et des outils pour créer des DApp.

EOS vise à relever les défis d'évolutivité souvent rencontrés sur les plateformes blockchain. Il fournit une infrastructure permettant aux développeurs de créer et d'exécuter des DApp avec des performances et une efficacité élevées. L'accent mis par

EOS sur l'évolutivité et le support des développeurs a attiré l'attention des secteurs des jeux, des médias sociaux et de la finance décentralisée (DéFi).

L'évolutivité d'EOS et son approche centrée sur les développeurs l'ont positionné comme une plateforme blockchain de premier plan pour le développement de DApp. Cependant, les défis incluent la gouvernance des réseaux, la garantie de la décentralisation et la résolution des problèmes liés à la centralisation des producteurs en bloc.

NEO, souvent appelé « Ethereum chinois », est une plateforme blockchain conçue pour prendre en charge le développement d'applications décentralisées et de contrats intelligents. NEO utilise un mécanisme de consensus délégué de tolérance aux pannes byzantine (dBFT), offrant une vitesse et une finalité de transaction élevées. Il se concentre sur la création d'une « économie intelligente » en intégrant les actifs numériques et les systèmes financiers traditionnels.

Les fonctions clés de NEO comprennent le développement et l'exécution de contrats intelligents, l'émission et la gestion d'actifs numériques et la création d'applications décentralisées. L'accent mis par NEO sur l'intégration de la technologie blockchain aux systèmes financiers traditionnels a attiré l'attention des régulateurs et des institutions en Chine et au-delà.

L'accent mis par NEO sur l'intégration des actifs numériques et de la finance traditionnelle a le potentiel de remodeler le paysage financier. Les défis incluent la conformité réglementaire, l'établissement de partenariats avec des institutions financières et la promotion de l'adoption internationale au-delà de la Chine.

IOTA est une plateforme blockchain spécialement conçue pour l'écosystème de l'Internet des objets (IoT). Il utilise une technologie de registre distribué unique appelée Tangle, qui permet des transactions évolutives, simples et sécurisées entre les appareils IoT. IOTA n'utilise pas les structures de blockchain traditionnelles, mais utilise plutôt une architecture de graphe acyclique dirigé (DAG).

La fonction principale de l'IOTA est de fournir une infrastructure sécurisée et évolutive permettant aux appareils IoT d'effectuer des transactions et d'échanger des données. Ses transactions fluides et sa légèreté le rendent adapté aux micro-transactions et à la communication machine à machine (M2M). L'accent mis par l'IOTA sur l'IoT a des implications pour des secteurs tels que les villes intelligentes, la gestion de la chaîne d'approvisionnement et les véhicules autonomes.

L'accent mis par l'IOTA sur l'IoT et les transactions sans sensation répond à des problèmes spécifiques de l'écosystème IoT. Les défis incluent l'évolutivité du réseau, l'adoption par les fabricants d'appareils IoT et la garantie de la sécurité et de la fiabilité dans un paysage IoT en évolution rapide.

Chapitre VI : Cas d'utilisation de la technologie Blockchain

Services financiers et bancaires

Les secteurs des services financiers et bancaires pourraient subir une transformation grâce à la technologie blockchain, qui offre transparence, sécurité, efficacité et économies de coûts. De par sa nature décentralisée et immuable, la blockchain remodèle les processus financiers traditionnels, depuis les paiements et les envois de fonds jusqu'à la vérification de l'identité et la tokenisation des actifs. Cette section explore les cas d'utilisation de la technologie blockchain dans les services financiers et bancaires, en soulignant son impact sur des domaines tels que les paiements transfrontaliers, le financement du commerce, les processus Know Your Customer (KYC), et bien plus encore.

Les paiements transfrontaliers sont souvent lents, coûteux et grevés par les intermédiaires. Les systèmes traditionnels impliquent plusieurs banques, réseaux de correspondants et processus de règlement, ce qui entraîne des retards et des coûts de transaction élevés. De plus, des problèmes tels que le manque de transparence et le potentiel de fraude présentent des défis dans les paiements transfrontaliers.

La technologie Blockchain offre des améliorations significatives dans les paiements transfrontaliers. En tirant parti des registres distribués et des contrats intelligents, la blockchain permet des transactions transfrontalières quasi instantanées, sécurisées et rentables. La blockchain élimine les intermédiaires, réduit les délais de règlement et offre une visibilité en temps réel sur l'état des transactions, ce qui profite à la fois aux particuliers et aux entreprises.

La solution basée sur la blockchain de Ripple, On-Demand Liquidity (ODL), utilise sa crypto-monnaie native XRP comme monnaie relais pour les paiements transfrontaliers. ODL élimine le besoin de comptes préfinancés dans plusieurs

devises,
réduisant ainsi les coûts de liquidité et les délais de règlement. Les institutions financières peuvent tirer parti de l'OL pour améliorer leurs capacités de paiement transfrontalier et améliorer la gestion des liquidités.

Le financement du commerce implique des processus complexes, notamment la documentation, la vérification et le financement des transactions commerciales internationales. Ces processus sont souvent gourmands en papier, longs et sujets aux erreurs. De plus, le manque de transparence, l'accès limité au financement pour les petites et moyennes entreprises (PME) et les risques de fraude constituent des défis majeurs.

La technologie blockchain a le potentiel de rationaliser le financement du commerce et la gestion de la chaîne d'approvisionnement. En fournissant une plate-forme sécurisée et transparente, la blockchain permet le suivi en temps réel des marchandises, la validation des documents et l'exécution automatisée des contrats intelligents. Ces fonctionnalités améliorent l'efficacité, réduisent les coûts et atténuent les risques de fraude dans les opérations de financement du commerce.

La plateforme TradeLens d'IBM exploite la technologie blockchain pour numériser et rationaliser l'écosystème mondial de la chaîne d'approvisionnement. TradeLens offre une visibilité de bout en bout, un suivi en temps réel et une automatisation de la documentation commerciale, facilitant une collaboration transparente entre les parties prenantes, réduisant les retards et améliorant la confiance dans la chaîne d'approvisionnement.

Les processus KYC et AML sont essentiels pour permettre aux banques et aux institutions financières de se conformer aux exigences réglementaires et de lutter contre la criminalité financière. Cependant, les procédures KYC et AML actuelles prennent du temps, font double emploi et nécessitent le partage de données client sensibles entre plusieurs parties, ce qui soulève des problèmes de confidentialité.

La technologie Blockchain peut améliorer les processus KYC et AML en permettant une vérification d'identité et un partage de données sécurisés et décentralisés. Les solutions KYC basées sur la blockchain offrent une source unique de vérité pour les données clients, réduisant ainsi la duplication et améliorant la confidentialité et la sécurité des données. Les enregistrements immuables sur la blockchain augmentent également la confiance et la transparence dans les processus de conformité.

La plateforme blockchain Quorum de JPMorgan a été utilisée pour développer un prototype de solution KYC qui permet un partage sécurisé des données client entre les institutions financières. Cette approche élimine les processus KYC dupliqués, réduit les coûts et améliore l'efficacité de l'intégration des clients tout en préservant la confidentialité des données et la conformité réglementaire.

Les systèmes d'identité numérique traditionnels sont fragmentés, centralisés et sujets à des failles de sécurité. Les utilisateurs doivent souvent gérer plusieurs noms d'utilisateur et mots de passe sur différentes plates-formes, ce qui entraîne des désagréments et des vulnérabilités. De plus, le vol d'identité et la fraude sont des préoccupations constantes.

La technologie Blockchain fournit un cadre décentralisé et sécurisé pour la gestion de l'identité numérique. Les solutions d'identité basées sur la blockchain permettent aux utilisateurs de contrôler leurs données personnelles, réduisant ainsi la dépendance à l'égard des autorités centralisées. La vérification et l'authentification de l'identité peuvent être rationalisées, et des identités numériques fiables peuvent être établies sur la blockchain, améliorant ainsi la sécurité et la confidentialité.

La plateforme d'identité auto-souveraine (SSI) uPort, basée sur la blockchain, permet aux utilisateurs de construire et de gérer en toute sécurité leurs identités numériques. Les utilisateurs contrôlent leurs données personnelles, qui sont stockées sur la blockchain et peuvent être partagées de manière sélective avec des entités de confiance. Le cadre CI d'apport permet une vérification d'identité transparente et renforcée en termes de confidentialité dans diverses applications, de l'accès aux services financiers aux interactions gouvernementales.

La propriété traditionnelle d'actifs implique souvent des intermédiaires, des processus juridiques complexes et une liquidité limitée. Le transfert de propriété d'actifs, comme des biens immobiliers ou des œuvres d'art, peut prendre du temps, être coûteux et être sujet à des litiges. De plus, les petits investisseurs peuvent se heurter à des obstacles pour accéder à certaines classes d'actifs.

La technologie Blockchain permet la tokenisation des actifs, représentant une propriété fractionnée sur un grand livre numérique. La tokenisation permet une transférabilité facile, une liquidité accrue et le fractionnement des actifs importants. Il offre également de nouvelles opportunités d'investissement à un plus large éventail d'investisseurs.

Polymath est une plateforme blockchain axée sur la tokenisation des titres. Il fournit un cadre d'émission et de gestion des jetons de sécurité, conforme aux exigences réglementaires. Polymath permet la propriété fractionnée d'actifs tels que l'immobilier, les fonds de capital-risque ou le capital-investissement, démocratisant ainsi l'accès aux opportunités d'investissement et améliorant la liquidité du marché.

Gestion de la chaîne d'approvisionnement

La technologie Blockchain est devenue un outil puissant pour révolutionner la gestion de la chaîne d'approvisionnement. En fournissant un registre immuable et transparent, la blockchain permet d'améliorer la traçabilité, la vérification de la provenance et le partage sécurisé des données tout au long de la chaîne d'approvisionnement. Cette section explore les cas d'utilisation de la technologie blockchain dans la gestion de la chaîne d'approvisionnement, en soulignant son impact sur des domaines tels que la traçabilité, l'authenticité des produits, la gestion des stocks et la vérification des fournisseurs.

Les chaînes d'approvisionnement traditionnelles manquent souvent de transparence, ce qui rend difficile le suivi du parcours des produits depuis les matières premières jusqu'au consommateur final. Les acteurs de la chaîne d'approvisionnement sont confrontés à des défis pour vérifier l'authenticité, la qualité et la conformité des produits. De plus, retracer l'origine des marchandises dans des chaînes d'approvisionnement mondiales complexes peut prendre du temps et être sujet à des erreurs.

La technologie Blockchain fournit un registre immuable et vérifiable qui améliore la traçabilité et la vérification de la provenance. En enregistrant chaque transaction et mouvement de marchandises sur la blockchain, les participants peuvent facilement suivre et vérifier l'historique, l'emplacement et les attributs des produits à chaque étape de la chaîne d'approvisionnement. Cette transparence favorise la confiance et la responsabilité entre les parties prenantes.

IBM Food Trust est une plateforme basée sur la blockchain qui permet une traçabilité de bout en bout dans la chaîne d'approvisionnement alimentaire. En capturant et en partageant des données sur la blockchain, IBM Food Trust permet aux parties prenantes de retracer l'origine, la transformation et la distribution des produits alimentaires. Cela améliore la sécurité alimentaire, réduit la fraude et permet une réponse plus rapide aux rappels d'aliments.

Les produits contrefaits présentent des risques importants pour la sécurité des consommateurs, la réputation de la marque et des pertes économiques. Les méthodes traditionnelles de vérification de l'authenticité des produits, telles que les étiquettes physiques ou les numéros de série, peuvent être facilement reproduites ou falsifiées. Cela crée des difficultés pour garantir que des produits authentiques parviennent aux consommateurs.

La technologie Blockchain fournit un enregistrement décentralisé et infalsifiable des informations sur les produits, permettant une vérification améliorée de l'authenticité des produits. En enregistrant les détails des produits, tels que les numéros de série ou les identifiants uniques, sur la blockchain, les fabricants, les distributeurs et les consommateurs peuvent vérifier l'authenticité des produits à chaque étape de la chaîne d'approvisionnement, réduisant ainsi le risque de produits contrefaits.

VeChain est un réseau blockchain axé sur l'authenticité des produits et la gestion de la chaîne d'approvisionnement. Il utilise des identifiants uniques et des codes NFC/QR pour relier les produits physiques aux enregistrements numériques sur la blockchain. Les consommateurs peuvent désormais vérifier rapidement et facilement la légitimité, l'excellence et le lieu d'origine des produits en utilisant un smartphone pour scanner le code-barres du produit.

Les systèmes traditionnels de gestion des stocks manquent souvent de visibilité en temps réel, ce qui entraîne des inefficacités, des ruptures de stock et des stocks excédentaires. Le manque de transparence et le retard dans le partage d'informations entre les partenaires de la chaîne d'approvisionnement peuvent entraîner des prévisions de demande inexactes et une gestion des stocks sous-optimale.

La technologie Blockchain facilite la visibilité et la transparence en temps réel dans la gestion des stocks. En enregistrant les mouvements de stocks, les niveaux de stock et les données de demande sur la blockchain, les partenaires de la chaîne d'approvisionnement peuvent accéder à des informations précises et à jour. Cela permet une planification efficace de la demande, des niveaux de stocks optimisés et une meilleure réactivité de la chaîne d'approvisionnement.

Walton Chain est une plateforme basée sur la blockchain qui se concentre sur l'intégration de l'IoT pour la gestion de la chaîne d'approvisionnement. Il combine la technologie RFID (Radio Frequency Identification) avec la blockchain pour fournir un suivi et une surveillance en temps réel des stocks. L'intégration des appareils IoT et de la blockchain permet une gestion précise des stocks, réduit les ruptures de stock et rationalise les opérations de la chaîne d'approvisionnement.

Vérifier l'authenticité, la crédibilité et les pratiques éthiques des fournisseurs est une tâche complexe. Les processus traditionnels de vérification des fournisseurs reposent sur des audits et des certifications manuels, qui peuvent prendre du temps, consommer beaucoup de ressources et être sujets à la fraude ou aux fausses déclarations.

La technologie Blockchain permet une vérification sécurisée et décentralisée des fournisseurs en créant un enregistrement transparent et vérifiable des informations et des certifications des fournisseurs. En stockant les détails des fournisseurs, les certifications et les dossiers de conformité sur la blockchain, les acteurs de la chaîne d'approvisionnement peuvent facilement vérifier et valider l'authenticité et les pratiques éthiques des fournisseurs, favorisant ainsi un approvisionnement durable et responsable.

Provenance est une plateforme basée sur la blockchain qui se concentre sur la transparence de la chaîne d'approvisionnement et l'approvisionnement éthique. Il permet aux entreprises de suivre et de vérifier l'impact social et environnemental de leurs produits. En enregistrant et en partageant des informations sur la blockchain, Provenance permet aux consommateurs de prendre des décisions d'achat éclairées et favorise la durabilité dans les chaînes d'approvisionnement.

Les chaînes d'approvisionnement traditionnelles impliquent souvent le partage de données sensibles entre plusieurs parties prenantes. Les violations de données, les cyberattaques et l'accès non autorisé à des informations confidentielles présentent des risques importants pour l'intégrité et la réputation de la chaîne d'approvisionnement.

La technologie Blockchain offre une sécurité et une confidentialité améliorées des données grâce à sa nature décentralisée et cryptographique. L'utilisation de techniques cryptographiques garantit l'intégrité des données et protège les informations sensibles contre tout accès non autorisé ou toute falsification. L'architecture distribuée de la blockchain réduit également le risque d'un point de défaillance unique et améliore la résilience des données.

Zilliq est une plateforme blockchain qui se concentre sur la sécurité et la confidentialité des données dans la gestion de la chaîne d'approvisionnement. Il utilise une architecture fragmentée, qui divise le réseau blockchain en petits groupes de nœuds, améliorant ainsi l'évolutivité et la confidentialité. L'accent mis par Zilliq sur les contrats intelligents préservant la confidentialité permet un partage sécurisé et confidentiel de données sensibles au sein de la chaîne d'approvisionnement.

Soins de santé

En abordant des problèmes importants liés à la sécurité des données, à l'interopérabilité et à la confidentialité des patients, la technologie blockchain a le potentiel de révolutionner le secteur de la santé. La blockchain offre une plateforme sécurisée et ouverte pour stocker, échanger et gérer les données de santé en raison de sa nature décentralisée et immuable. L'impact de la technologie blockchain sur des domaines tels que les dossiers de santé électroniques (DSE), les essais cliniques, l'intégrité de la chaîne d'approvisionnement et la recherche médicale est mis en évidence dans cette section en examinant les cas d'utilisation dans le secteur de la santé.

Les systèmes de dossiers de santé électroniques traditionnels souffrent souvent de données fragmentées, d'un manque d'interopérabilité et de préoccupations concernant la sécurité et la confidentialité des données. Les données des patients sont généralement dispersées sur plusieurs systèmes, ce qui rend difficile l'accès à des dossiers de santé complets en cas de besoin. Les violations de données et l'accès non autorisé à des informations sensibles sur la santé sont des préoccupations constantes.

La technologie Blockchain offre une solution sécurisée et interopérable pour les dossiers de santé électroniques. En utilisant un registre décentralisé et distribué, la blockchain permet un partage et un accès transparents aux données des patients entre les prestataires de soins de santé, garantissant ainsi l'intégrité, la confidentialité et la sécurité des données. Les patients ont le contrôle de leurs dossiers de santé et peuvent accorder l'autorisation à des prestataires spécifiques pour accéder à leurs données.

MedRec est une plate-forme basée sur la blockchain développée par le MIT qui se concentre sur les dossiers de santé électroniques sécurisés et préservant la confidentialité. Il permet aux patients d'avoir un contrôle total sur leurs données de santé tout en garantissant l'interopérabilité et le partage des données entre les prestataires de soins. MedRec améliore l'exactitude des dossiers des patients, réduit la duplication et facilite des soins plus informés et personnalisés.

Les essais cliniques sont souvent confrontés à des défis liés à l'intégrité des données, à la transparence et au recrutement des patients. Garantir l'exactitude et la fiabilité des données des essais cliniques est crucial pour le développement de médicaments et la sécurité des patients. De plus, le processus de recrutement des patients pour les essais cliniques peut prendre du temps et être inefficace.

La technologie Blockchain peut améliorer l'intégrité et la transparence des données des essais cliniques. En enregistrant les données des essais sur une blockchain, les chercheurs peuvent garantir l'immuabilité et la traçabilité des données, réduisant ainsi le risque de falsification ou de manipulation. La blockchain facilite également le recrutement sécurisé et transparent des patients, permettant aux individus de participer aux essais tout en préservant la confidentialité et le consentement.

ClinicalTrials.gov, une base de données d'essais cliniques, vise à tirer parti de la technologie blockchain pour améliorer la transparence et l'intégrité des données. En s'intégrant à Hyperledger Fabric, ClinicalTrials.gov peut garantir un enregistrement sécurisé et vérifiable des données d'essai, permettant une plus grande confiance et une plus grande transparence dans le processus de recherche clinique.

La chaîne d'approvisionnement pharmaceutique est confrontée à des défis liés aux médicaments contrefaits, à la traçabilité des produits et à la transparence de la chaîne d'approvisionnement. Garantir l'authenticité et l'intégrité des médicaments tout au long de leur progression dans la chaîne d'approvisionnement est essentiel pour la sécurité des patients et la conformité réglementaire.

La technologie Blockchain fournit un registre immuable et transparent qui améliore l'intégrité de la chaîne d'approvisionnement. En enregistrant et en vérifiant chaque transaction et mouvement de médicaments sur la blockchain, les parties prenantes peuvent facilement suivre la provenance, l'authenticité et la manipulation des produits pharmaceutiques. Cela réduit le risque de médicaments contrefaits, améliore la traçabilité et garantit la conformité réglementaire.

Medi Ledger est une plateforme basée sur la blockchain qui se concentre sur l'intégrité de la chaîne d'approvisionnement dans l'industrie pharmaceutique. Il permet un suivi sécurisé et transparent des médicaments, du fabricant au patient, réduisant ainsi le risque d'entrée de médicaments contrefaits ou de qualité inférieure dans la chaîne d'approvisionnement. La solution blockchain de Medi Ledger améliore la traçabilité, rationalise les rappels et améliore la confiance entre les acteurs de la chaîne d'approvisionnement.

La recherche médicale est souvent confrontée à des défis liés aux silos de données, aux problèmes de confidentialité et à l'accès limité à des ensembles de données diversifiés et complets. Les chercheurs ont besoin d'accéder à de grandes quantités de données pour obtenir des informations significatives et faire progresser les connaissances médicales. Cependant, les préoccupations concernant la confidentialité et la propriété des données entravent le partage et la collaboration efficaces des données.

La technologie Blockchain permet un partage de données sécurisé et décentralisé à des fins de recherche médicale. En utilisant la blockchain, les chercheurs peuvent accéder et partager en toute sécurité les données anonymisées des patients tout en préservant la confidentialité et le consentement des patients. La nature distribuée de la blockchain garantit l'intégrité, l'authenticité et la traçabilité des données, favorisant ainsi la collaboration et accélérant les découvertes médicales.

Hu-manity.co est une plateforme basée sur la blockchain qui se concentre sur la propriété et le contrôle des données des patients. Il permet aux individus de stocker en toute sécurité leurs données de santé sur la blockchain et d'accorder l'autorisation d'accès aux chercheurs. Hu-manity.co permet aux patients de décider de la manière dont leurs données sont utilisées, facilite le partage de données pour la recherche médicale et garantit une compensation équitable pour les contributions de données.

Gestion des identités

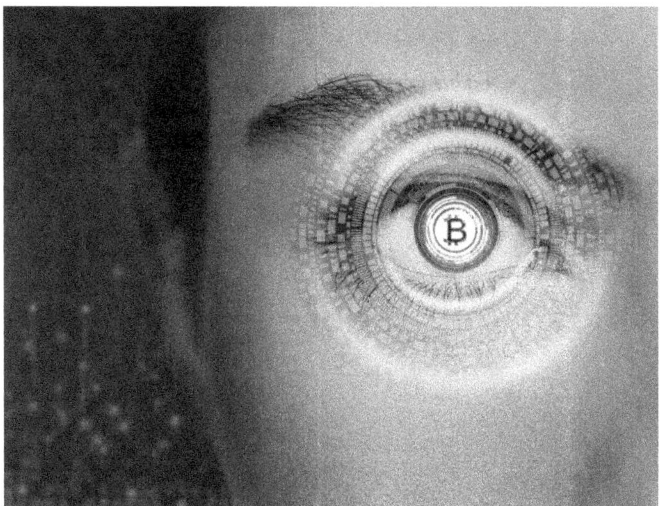

La gestion des identités est un aspect essentiel de notre monde de plus en plus numérique. Les systèmes traditionnels de gestion des identités souffrent souvent de problèmes tels que les violations de données, le vol d'identité et le manque de contrôle sur les informations personnelles. La technologie Blockchain offre une solution révolutionnaire en fournissant un cadre décentralisé, sécurisé et transparent pour la gestion des identités. Cette section explore les cas d'utilisation de la technologie blockchain dans la gestion des identités, en soulignant son impact sur des domaines tels que l'identité auto-souveraine, les informations d'identification numériques, les processus Know Your Customer (KYC) et l'authentification sécurisée.

Les systèmes traditionnels de gestion des identités s'appuient souvent sur des autorités centralisées qui stockent et contrôlent les informations personnelles des individus. Cette centralisation crée un point de défaillance unique et soulève des inquiétudes quant à la confidentialité, à la sécurité et à l'utilisation abusive des données personnelles. De plus, les individus ont un contrôle limité sur leur propre identité et ont du mal à gérer plusieurs identités sur différentes plateformes.

La technologie Blockchain permet une identité souveraine, où les individus ont un contrôle total sur leurs informations personnelles et la manière dont elles sont partagées. Les solutions d'identité auto-souveraine basées sur la blockchain stockent les attributs d'identité sur la blockchain, garantissant ainsi l'immuabilité, la sécurité et la confidentialité. Les individus peuvent gérer et partager leurs données d'identité de manière sélective, favorisant ainsi la confidentialité et réduisant la dépendance à l'égard des autorités centralisées.

Sovrin est une plateforme d'identité auto-souveraine basée sur la blockchain qui permet aux individus de contrôler leur identité numérique. Il exploite des identifiants décentralisés (DID) et des informations d'identification vérifiables pour permettre une gestion des identités sécurisée et renforcée en termes de confidentialité. L'accent mis par Sovrin sur l'identité auto-souveraine permet aux individus de gérer leur identité numérique et de partager des informations d'identification vérifiables entre diverses applications et organisations.

Les informations d'identification numériques, telles que les diplômes, les certifications professionnelles ou les licences, sont souvent délivrées de manière centralisée, ce qui rend la vérification et l'authentification difficiles. Les informations d'identification contrefaites, le manque de transparence et la nécessité de processus de vérification manuels posent des obstacles importants à la gestion des informations d'identification numériques.

La technologie Blockchain offre un cadre décentralisé et inviolable pour gérer et vérifier les informations d'identification numériques. En enregistrant les informations d'identification sur la blockchain, les émetteurs, les détenteurs et les vérificateurs peuvent garantir l'intégrité, l'authenticité et la vérification en temps réel des informations d'identification. Les solutions d'identification numérique basées sur la blockchain renforcent la confiance, réduisent la fraude et simplifient le processus de vérification.

Learning Machine, en collaboration avec le MIT, a développé Blockcerts, un système d'accréditation numérique basé sur la blockchain. Blockcerts permet aux établissements d'enseignement, aux employeurs et aux organismes de certification de délivrer des informations d'identification numériques vérifiables qui sont stockées sur la blockchain. Les individus peuvent partager leurs informations d'identification par voie numérique et les vérificateurs peuvent les vérifier instantanément, améliorant ainsi l'efficacité et la confiance dans la gestion des informations d'identification.

Les processus de connaissance de votre client (KYC) sont essentiels dans divers secteurs, notamment la banque, la finance et les services numériques, pour vérifier l'identité et l'adéquation des clients. Cependant, les processus KYC traditionnels sont souvent longs, coûteux et fastidieux, tant pour les individus que pour les organisations. Le manque de standardisation des données et la nécessité de soumettre des données répétitives créent des inefficacités et des retards.

La technologie Blockchain peut rationaliser les processus KYC en fournissant une plate-forme sécurisée et immuable pour la vérification de l'identité. En stockant des informations d'identité vérifiées sur la blockchain, les individus peuvent partager leurs données KYC de manière sélective, réduisant ainsi le besoin de soumissions répétitives. Les organisations peuvent accéder à des informations KYC fiables et à jour, améliorant ainsi l'efficacité et la conformité.

uPort est une plateforme d'identité auto-souveraine basée sur la blockchain qui se concentre sur les processus KYC. Il permet aux individus de gérer leurs informations KYC en toute sécurité sur la blockchain et de les partager avec les organisations selon leurs besoins. Le modèle d'identité décentralisé de Port rationalise les processus KYC, réduisant les soumissions de données redondantes et permettant une intégration efficace des clients.

Les méthodes d'authentification traditionnelles, telles que les mots de passe ou les jetons physiques, sont sensibles à diverses menaces de sécurité, notamment le piratage, le phishing et le vol d'identité. De plus, la gestion de plusieurs noms d'utilisateur et mots de passe sur différentes plates-formes peut s'avérer peu pratique et sujette aux erreurs humaines.

La technologie Blockchain offre une sécurité et une commodité accrues en matière d'authentification grâce à des mécanismes décentralisés et cryptographiques. En utilisant des protocoles d'authentification basés sur la blockchain, les individus peuvent établir des identités numériques sécurisées et s'authentifier sans recourir à des mots de passe ou à des autorités centralisées. Les solutions d'authentification basées sur la blockchain améliorent la sécurité, réduisent le risque de vol d'identité et simplifient la gestion des accès.

Civic est une plateforme de vérification d'identité et d'authentification basée sur la blockchain qui se concentre sur une gestion des accès sécurisée et pratique. Il utilise la technologie blockchain pour fournir aux utilisateurs une identité numérique qui peut être utilisée pour une connexion sécurisée et une vérification d'identité sur diverses plateformes en ligne. L'approche décentralisée de Civic améliore la sécurité, la confidentialité et le contrôle des utilisateurs sur leur identité numérique.

Systèmes de vote

Le vote est une composante essentielle d'une société démocratique, mais les processus de vote traditionnels rencontrent souvent des problèmes de fiabilité, de sécurité et de transparence. En fournissant un cadre décentralisé, transparent et inviolable pour la tenue et la vérification des élections, la technologie blockchain est apparue comme un moyen possible de résoudre ces problèmes. Cette section examine l'utilisation de la technologie blockchain dans les systèmes de vote, en soulignant son impact sur des éléments tels que des élections transparentes, un vote sécurisé et vérifiable et la validation de l'identification des électeurs.

La gestion et l'administration des élections dans les systèmes de vote traditionnels sont centralisées, ce qui soulève des questions concernant la sécurité et l'intégrité du processus de vote. La crédibilité des résultats des élections peut être affectée par des problèmes tels que la fraude électorale, la manipulation des bulletins de vote et un dépouillement erroné des votes.

La technologie Blockchain offre une plateforme sécurisée et vérifiable pour mener des élections. En enregistrant chaque vote comme une transaction sur la blockchain, un registre transparent et inviolable est créé. La structure décentralisée de la blockchain garantit qu'aucune entité ne peut falsifier ou modifier les données de vote, renforçant ainsi la transparence et l'intégrité du processus électoral.

Batz est une plateforme de vote mobile basée sur la blockchain qui vise à améliorer la sécurité et l'accessibilité du vote. Il exploite la technologie blockchain pour permettre un vote sécurisé à partir d'appareils mobiles tout en garantissant la transparence et la vérifiabilité. La plateforme de Vote a été utilisée lors de diverses élections, y compris celles impliquant du personnel militaire à l'étranger, offrant une expérience de vote pratique et sécurisée.

Assurer une vérification précise de l'identité des électeurs est crucial pour maintenir l'intégrité et l'équité des élections. Cependant, les méthodes traditionnelles d'inscription des électeurs et de vérification de l'identité, telles que les systèmes sur papier ou le recours à des bases de données centralisées, peuvent être sujettes aux erreurs, à l'usurpation d'identité et au vol d'identité.

La technologie Blockchain fournit un cadre sécurisé et décentralisé pour la vérification de l'identité des électeurs. En stockant les identités vérifiées des électeurs sur la blockchain, un enregistrement transparent et immuable est créé. Cela garantit que chaque vote est exprimé par un électeur vérifié, réduisant ainsi le risque de vote frauduleux ou en double.

Follow My Vote est une plateforme de vote basée sur la blockchain qui met l'accent sur la vérification de l'identité des électeurs. Un enregistrement décentralisé et infalsifiable des identifiants des électeurs est créé à l'aide de la technologie blockchain, permettant une vérification précise et ouverte des électeurs. L'approche de Follow My Vote améliore l'intégrité des élections et inspire confiance dans le processus de vote.

Le manque de transparence du processus électoral peut susciter des doutes quant à l'exactitude et à l'équité des résultats des élections. Les systèmes de vote traditionnels offrent souvent une visibilité limitée sur l'ensemble du processus, y compris le scrutin, le dépouillement et la compilation des résultats, laissant place à la manipulation ou aux litig es.

La technologie Blockchain garantit la transparence et l'auditabilité tout au long du processus électoral. En enregistrant chaque vote et transaction sur la blockchain, n'importe qui peut vérifier l'intégrité des résultats des élections. La nature décentralisée de la blockchain empêche la falsification ou la manipulation des données de vote, augmentant ainsi la confiance dans la transparence et l'équité des élections.

Agora est une plateforme basée sur la blockchain qui vise à améliorer la transparence et l'auditabilité des élections. Il utilise la technologie blockchain pour générer un enregistrement des votes immuable et accessible au public, permettant une vérification et un audit indépendants des résultats des élections. L'approche d'Agora renforce la confiance et favorise la confiance dans le processus démocratique.

Les systèmes de gouvernance traditionnels manquent souvent de participation directe des citoyens et de transparence. Les processus de prise de décision peuvent être centralisés, ce qui rend difficile pour les citoyens d'avoir leur mot à dire sur les questions de gouvernance. La confiance dans les institutions gouvernementales peut être érodée par les préoccupations concernant la corruption, le manque de transparence et l'influence d'intérêts puissants.

La technologie Blockchain a le potentiel de permettre des modèles de gouvernance décentralisés, dans lesquels les citoyens peuvent participer directement aux processus décisionnels. En tirant parti des systèmes de vote basés sur la blockchain, les citoyens peuvent voter sur des questions politiques, des allocations budgétaires ou des initiatives publiques, garantissant ainsi la transparence et réduisant l'influence des inter médiaires.

Democracy.Earth est une plateforme basée sur la blockchain qui se concentre sur la gouvernance décentralisée. Il permet aux individus de participer à un vote sécurisé et transparent sur des questions de gouvernance grâce à la technologie blockchain. L'approche de Democracy.Earth permet aux citoyens d'avoir une voix directe dans les processus décisionnels et favorise la transparence de la gouvernance.

Propriété intellectuelle

La propriété intellectuelle (PI) est cruciale pour favoriser la créativité et l'innovation. Cependant, les systèmes traditionnels de protection des droits de propriété intellectuelle sont souvent confrontés à des défis tels que le piratage, la contrefaçon et des processus d'octroi de licences inefficaces. La technologie Blockchain est apparue comme une solution puissante pour relever ces défis en fournissant un cadre transparent, immuable et décentralisé pour la gestion et la protection de la propriété intellectuelle. Cette section explore les cas d'utilisation de la technologie blockchain dans le domaine de la propriété intellectuelle, en soulignant son impact sur des domaines tels que la protection des droits d'auteur, la gestion des droits numériques et la répartition des redevances.

La violation du droit d'auteur et l'utilisation non autorisée d'œuvres créatives posent des défis importants aux créateurs de contenu et aux titulaires de droits. Les mécanismes traditionnels de protection des droits d'auteur reposent souvent sur des intermédiaires centralisés, ce qui rend difficile la preuve de la propriété, le contrôle de l'utilisation et le respect des droits d'auteur. De plus, les litiges transfrontaliers en matière de droits d'auteur et l'absence d'un registre mondial des droits d'auteur compliquent encore davantage la protection des droits de propriété intellectuelle.

La technologie Blockchain offre une solution décentralisée et transparente pour la protection des droits d'auteur. En horodateur et en enregistrant les informations de droit d'auteur sur la blockchain, un enregistrement permanent et immuable de propriété est créé. Cela permet aux créateurs de contenu d'établir une preuve de paternité, de surveiller l'utilisation de leurs œuvres et de faire respecter efficacement leurs droits d'auteur.

Mediachain est une plateforme basée sur la blockchain qui se concentre sur la protection des droits d'auteur pour les œuvres créatives. Il permet aux créateurs de contenu d'enregistrer leurs œuvres sur la blockchain, créant ainsi un enregistrement vérifiable de propriété. L'approche décentralisée de Mediachain améliore la transparence et l'intégrité de la protection des droits d'auteur, facilitant une rémunération équitable et des licences pour les créateurs.

La distribution et la consommation de contenu numérique présentent des défis en matière de gestion et de protection des droits numériques. Les systèmes traditionnels de gestion des droits numériques (DRM) sont souvent complexes, restrictifs et vulnérables au piratage. Le manque de transparence dans le suivi et l'application des droits numériques peut entraîner une perte de revenus et une violation des droits de propriété intellectuelle.

La technologie Blockchain offre une plateforme transparente et décentralisée pour gérer et faire respecter les droits numériques. En utilisant des contrats intelligents et des jetons numériques sur la blockchain, les créateurs de contenu peuvent définir et faire respecter les droits d'utilisation, automatiser la distribution des redevances et assurer un suivi transparent de l'utilisation du contenu. Les systèmes DRM basés sur la blockchain permettent une gestion sécurisée et efficace des droits numériques tout en protégeant les intérêts des créateurs de contenu.

Ujo Music est une plateforme basée sur la blockchain qui se concentre sur la gestion des droits numériques pour l'industrie musicale. Il permet aux artistes de symboliser leur musique et de définir les droits d'utilisation et les conditions de redevance via des contrats intelligents. La plateforme d'Ugo Music garantit une distribution transparente et automatisée des redevances, permettant aux artistes de contrôler leurs œuvres créatives et de monétiser leur contenu plus efficacement.

Les systèmes traditionnels de distribution des redevances dans des secteurs tels que la musique, le cinéma et l'édition souffrent souvent d'inefficacités, de retards et d'un manque de transparence. Des intermédiaires complexes, des processus manuels et des divergences de données peuvent entraîner des retards de paiement, des litiges et des difficultés dans le suivi de la distribution des redevances aux titulaires de droits.

La technologie Blockchain fournit une plateforme décentralisée et transparente pour la distribution des redevances. En utilisant des contrats intelligents et la tokenisation, la blockchain permet des calculs et une distribution automatisés et en temps réel des redevances sur la base de conditions prédéfinies. Les systèmes de distribution de redevances basés sur la blockchain réduisent les intermédiaires, rationalisent les processus de paiement et garantissent une allocation transparente et précise des redevances.

SingularDTV est une plateforme basée sur la blockchain qui se concentre sur la distribution des redevances dans l'industrie du divertissement. Il utilise des contrats intelligents et des jetons numériques pour automatiser et faciliter la distribution transparente des redevances aux titulaires de droits. L'approche de Singular TV améliore l'efficacité et l'équité dans la répartition des redevances, garantissant que les créateurs de contenu reçoivent leur juste part de revenus.

La protection par brevet implique des processus complexes, notamment le dépôt, l'examen et l'octroi de licences. Les systèmes traditionnels de gestion des brevets manquent souvent de transparence, impliquent des coûts administratifs élevés et se heurtent à des difficultés pour vérifier la nouveauté et la propriété des brevets. De plus, le processus d'octroi de licences de brevet peut être long et fastidieux, ce qui entrave l'innovation et le transfert de technologie.

La technologie Blockchain offre une plateforme décentralisée et transparente pour la gestion des brevets et des licences. En enregistrant les informations sur les brevets, y compris les dates de dépôt, les dossiers d'examen et les accords de licence, sur la blockchain, un enregistrement permanent et vérifiable est établi. Cela simplifie la gestion des brevets, améliore la transparence et facilite les processus efficaces d'octroi de licences de brevet.

IPCHAIN estuneplateformebaséesurlablockchainquiseconcentresurlagestion de la propriété intellectuelle et les licences. Il permet le stockage sécurisé des informations sur les brevets sur la blockchain, garantissant ainsi la preuve de leur existenceetdeleurpropriété.Laplate-formeIPCHAIN facilitel'octroidelicencesde brevets efficaces, favorise la collaboration et réduit les coûts de transaction dans les transactions de propriété intellectuelle.

Secteur énergétique

En raison de la demande de systèmes énergétiques fiables et efficaces, le secteur de l'énergie connaît une transition substantielle. Les systèmes énergétiques traditionnels sont confrontés à des défis tels que le manque de transparence, des processus inefficaces et un contrôle centralisé. La technologie Blockchain est devenue un outil puissant pour relever ces défis en fournissant un cadre décentralisé, sécurisé et transparent pour la gestion de l'énergie. Cette section explore les cas d'utilisation de la technologie blockchain dans le secteur de l'énergie, en soulignant son impact sur des domaines tels que le commerce d'énergie peer-to-peer, la gestion du réseau, les certificats d'énergie renouvelable et la recharge des véhicules électriques.

Le commerce traditionnel de l'énergie repose sur des intermédiaires centralisés, ce qui rend le processus inefficace, coûteux et de portée limitée. Les consommateurs ont souvent un contrôle limité sur leurs sources d'énergie et ne peuvent pas participer directement au commerce de l'énergie. De plus, le manque de transparence et les coûts de transaction élevés entravent l'intégration des sources d'énergie renouvelables et la participation des petits producteurs d'énergie.

La technologie Blockchain permet le commerce d'énergie peer-to-peer en fournissant une plateforme décentralisée et transparente. Grâce à des contrats intelligents basés sur la blockchain, les producteurs d'énergie peuvent vendre directement l'énergie excédentaire aux consommateurs, éliminant ainsi les intermédiaires et réduisant les coûts de transaction. Le commerce de l'énergie basé sur la blockchain favorise l'intégration des sources d'énergie renouvelables, améliore l'efficacité énergétique et permet aux consommateurs de participer activement au marché de l'énergie.

Power Ledger est une plateforme basée sur la blockchain qui facilite le commerce d'énergie peer-to-peer. Il permet aux utilisateurs d'acheter et de vendre de l'énergie renouvelable à l'aide de jetons basés sur la blockchain. La plateforme de Power Ledger permet des transactions énergétiques transparentes et efficaces, favorisant l'adoption des énergies renouvelables et promouvant un marché de l'énergie décentralisé.

La gestion traditionnelle des réseaux énergétiques est confrontée à des défis liés à la congestion du réseau, au manque d'informations en temps réel et à une coordination efficace de l'offre et de la demande d'énergie. De plus, la capacité du réseau à intégrer des sources d'énergie distribuées telles que les cellules solaires ou les éoliennes peut s'avérer difficile et nécessiter des améliorations infrastructurelles considérables.

La technologie Blockchain offre une plateforme décentralisée et sécurisée pour la gestion du réseau. En utilisant des contrats intelligents basés sur la blockchain, le réseau énergétique peut automatiser des processus tels que l'équilibrage énergétique, la réponse à la demande et l'optimisation du réseau en temps réel. La gestion du réseau basée sur la blockchain améliore l'efficacité énergétique, réduit la congestion du réseau et permet l'intégration transparente des ressources énergétiques distribuées.

WePower est une plateforme basée sur la blockchain qui se concentre sur l'intégration et la gestion des réseaux d'énergies renouvelables. Il permet aux producteurs d'énergies renouvelables de symboliser leur production d'énergie et de la vendre directement aux consommateurs. La plateforme de WePower exploite la technologie blockchain pour garantir des transactions énergétiques transparentes et une gestion efficace du réseau, favorisant ainsi l'intégration des énergies renouvelables dans le réseau.

Les certificats d'énergie renouvelable (REC) jouent un rôle crucial dans la vérification et le suivi de la production et de la consommation d'énergie renouvelable. Cependant, les systèmes traditionnels de CER manquent souvent de transparence, sont confrontés à des difficultés de suivi et de vérification des sources d'énergie renouvelables et sont susceptibles de faire l'objet de fraude ou de double comptage.

La technologie Blockchain fournit une plate-forme transparente et immuable pour suivre et vérifier les certificats d'énergie renouvelable. En enregistrant les données de production et de consommation d'énergie renouvelable sur la blockchain, un enregistrement permanent et vérifiable est créé. Les CER basées sur la blockchain améliorent la transparence, éliminent le risque de fraude et favorisent la confiance dans le marché des énergies renouvelables.

Environmental Attribute Hub est une plateforme basée sur la blockchain qui se concentre sur les certificats d'énergie renouvelable. Il utilise la technologie blockchain pour créer un enregistrement transparent et traçable de la production et de la consommation d'énergie renouvelable. La plateforme d'Environmental Attribute Hub garantit un suivi précis des CER, améliore l'intégrité du marché et simplifie l'échange d'attributs d'énergies renouvelables.

L'adoption des véhicules électriques (VE) nécessite une infrastructure de recharge efficace et fiable. Cependant, des défis tels que l'interopérabilité, les systèmes de paiement et l'accès aux bornes de recharge entravent l'intégration transparente des véhicules électriques dans le réseau énergétique. De plus, le manque de transparence dans les transactions de facturation et la consommation d'énergie peut conduire à des inefficacités.

La technologie Blockchain fournit une plateforme décentralisée et sécurisée pour gérer la recharge des véhicules électriques. En utilisant des contrats intelligents et des portefeuilles numériques basés sur la blockchain, les propriétaires de véhicules électriques peuvent accéder aux bornes de recharge, automatiser les paiements et suivre la consommation d'énergie de manière transparente. Les systèmes de recharge de véhicules électriques basés sur la blockchain améliorent l'interopérabilité, simplifient les processus de paiement et permettent une gestion efficace de l'énergie.

eMotorWerks, une filiale du groupe Enel, est une plateforme basée sur la blockchain qui se concentre sur l'infrastructure de recharge des véhicules électriques. Il exploite la technologie blockchain pour permettre un accès, un paiement et une gestion de l'énergie sécurisés et efficaces aux bornes de recharge. La plateforme d'e MotorWerks améliore la commodité et la fiabilité de la recharge des véhicules électriques, favorisant ainsi l'adoption massive des véhicules électriques.

Chapitre VII : Défis et limites de la Blockchain

Évolutivité

La technologie blockchain a suscité une attention particulière en raison de son potentiel à révolutionner diverses industries. Il propose des solutions décentralisées, transparentes et sécurisées pour relever de nombreux défis. Cependant, à mesure que l'adoption de la blockchain se développe, la question de l'évolutivité est devenue un défi crucial. L'évolutivité d'un réseau blockchain fait référence à sa capacité à gérer efficacement un nombre croissant d'utilisateurs et de transactions. Cette section explore les défis et les limites de l'évolutivité de la technologie blockchain, en soulignant l'impact sur le débit des transactions, la congestion du réseau et les besoins en ressources.

Les réseaux blockchain ont connu une croissance substantielle, tirée par une adoption accrue et la prolifération des applications décentralisées (dApps). Cette croissance a conduit à une augmentation exponentielle du nombre de transactions et d'utilisateurs, soulignant la nécessité de solutions évolutives.

L'évolutivité de la blockchain est souvent mesurée par trois indicateurs principaux : le débit des transactions, la capacité du réseau et le temps de réponse. Le débit des transactions fait référence au nombre de transactions qu'un réseau blockchain peut traiter par seconde. La capacité du réseau concerne la capacité à gérer un nombre croissant de nœuds et de participants. Le temps de réponse reflète la vitesse à laquelle les transactions sont confirmées et incluses dans les blocs.

Pour que les réseaux blockchain fonctionnent, des mécanismes de consensus tels que la preuve de travail (PoW) ainsi que la preuve de participation (PoS) sont essentiels. Cependant, ils introduisent des problèmes d'évolutivité. PoW nécessite des ressources de calcul importantes et des calculs chronophages, limitant le débit des transactions. Les PoS, bien que plus économes en énergie, peuvent néanmoins rencontrer des difficultés à mesure que le nombre de participants augmente.

La taille du bloc et le temps de confirmation du bloc ont un impact direct sur le débit des transactions et la capacité du réseau. Dans la blockchain de Bitcoin, par exemple, la taille des blocs est limitée à 1 Mo, ce qui entraîne une contrainte de débit de transaction. De même, des délais de confirmation de bloc plus longs peuvent entraîner des retards et entraver l'évolutivité.

À mesure que les réseaux blockchain deviennent plus populaires, la congestion et la latence du réseau deviennent des défis majeurs. L'augmentation des volumes de transactions peut submerger le réseau, entraînant des retards dans les confirmations des transactions et des frais plus élevés. Ethereum, par exemple, a connu une congestion importante du réseau pendant les périodes de forte demande.

Les solutions de mise à l'échelle hors chaîne visent à réduire la charge sur le réseau blockchain en effectuant certaines transactions hors chaîne. Les canaux de paiement, tels que le Lightning Network pour Bitcoin et les canaux étatiques pour Ethereum, permettent un volume élevé de transactions sans encombrer la blockchain principale. La mise à l'échelle hors chaîne améliore le débit des transactions et réduit les frais.

Le Sharding est une technique qui divise le réseau blockchain en sous-ensembles plus petits, ou fragments, chacun capable de traiter ses transactions. En répartissant la charge de travail sur plusieurs partitions, le débit des transactions et la capacité du réseau peuvent être considérablement augmentés. Cependant, le partitionnement introduit des complexités liées à la coordination des partitions et à la disponibilité des données.

Les solutions de couche 2 s'appuient sur les blockchains existantes pour améliorer l'évolutivité. Ces solutions, telles que les sidechains et les canaux étatiques, permettent un traitement des transactions plus rapide et plus efficace. En déplaçant certaines opérations hors de la blockchain principale, les solutions de couche 2 atténuent la congestion et améliorent l'évolutivité sans compromettre la sécurité.

Atteindre une évolutivité élevée nécessite souvent de compromettre le niveau de décentralisation. Des solutions telles que la mise à l'échelle et le partitionnement hors chaîne introduisent des risques de centralisation, car elles reposent sur des intermédiaires de confiance ou des sous-ensembles limités de nœuds. Trouver un équilibre entre évolutivité et décentralisation est crucial pour maintenir les principes fondamentaux de la technologie blockchain.

Certaines solutions d'évolutivité introduisent des compromis en termes de sécurité et de mécanismes de consensus. La mise à l'échelle hors chaîne, par exemple, repose sur des intermédiaires de confiance, ce qui peut présenter des risques de sécurité. La modification des mécanismes de consensus pour améliorer l'évolutivité peut avoir un impact sur les garanties de sécurité et la résilience du réseau contre les attaques.

L'adoption de nouvelles solutions d'évolutivité nécessite une coordination entre les différentes parties prenantes et un consensus au sein des réseaux blockchain. Parvenir à l'interopérabilité entre les différentes plates-formes blockchain présente des défis, car différentes solutions d'évolutivité peuvent ne pas être compatibles ou facilement intég rées.

Les améliorations du protocole de couche 1 visent à améliorer l'évolutivité au niveau central des réseaux blockchain. Des efforts tels que le passage de Ethereum 2.0 à un mécanisme de consensus PoS et l'augmentation des limites de taille de bloc peuvent améliorer considérablement le débit des transactions et la capacité du réseau.
Le développement de nouveaux mécanismes de consensus qui équilibrent

l'évolutivité,
la sécurité et la décentralisation est un domaine de recherche actif. Des protocoles tels que Proof of Elapsed Time (PoET) et Practical Byzantine Fault Tolerance (PBFT) visent à fournir un débit de transaction plus élevé sans compromettre l'intégrité du réseau.

Les solutions hybrides combinent plusieurs approches d'évolutivité pour surmonter leurs limites individuelles. En tirant parti d'une combinaison de solutions de mise à l'échelle, de partitionnement et de couche 2 hors chaîne, les réseaux blockchain peuvent atteindre une plus grande évolutivité tout en maintenant la sécurité et la décentralisation dans une mesure significative.

Vie privée et confidentialité

La technologie Blockchain a attiré une attention particulière en raison de son potentiel à révolutionner diverses industries en offrant des solutions décentralisées, transparentes et sécurisées. Cependant, à mesure que l'adoption de la blockchain se développe, les préoccupations concernant la vie privée et la confidentialité sont devenues des défis critiques. La transparence inhérente à la blockchain pose des défis uniques lorsqu'il s'agit de protéger les données sensibles et de préserver la confidentialité des utilisateurs. Cette section explore les défis et les limites de la vie privée et de la confidentialité dans la technologie blockchain, en soulignant leur impact sur la protection des données personnelles, la confidentialité des transactions et la conformité réglementaire.

La transparence est une caractéristique fondamentale de la technologie blockchain. Chaque transaction enregistrée sur la blockchain est visible par tous les participants du réseau. Cette transparence renforce la confiance, facilite l'auditabilité et réduit le recours aux intermédiaires.

La transparence de la blockchain pose des défis en matière de protection des données personnelles. Le stockage d'informations sensibles sur la blockchain peut exposer les données personnelles à l'examen public, compromettant potentiellement la confidentialité. Le respect des réglementations en matière de protection des données, comme le Règlement Général sur la Protection des Données (RGPD), devient complexe dans ce contexte.

Les blockchains publiques, comme Bitcoin et Ethereum, stockent les données de transaction dans un registre public, les rendant visibles par tous. Bien que les pseudonymes soient utilisés pour protéger l'identité des utilisateurs, les modèles de transaction et les métadonnées associées peuvent toujours révéler des informations sensibles, soulevant des inquiétudes quant à la confidentialité.

Les réseaux blockchain utilisent souvent des pseudonymes pour masquer l'identité réelle des participants. Cependant, le caractère pseudonyme des transactions blockchain ne garantit pas un anonymat complet. Les techniques d'analyse avancées et la criminalistique de la blockchain peuvent potentiellement désanonymiser les utilisateurs et lier les transactions à des identités réelles.

La nature transparente de la blockchain pose des défis lorsqu'il s'agit de mener des transactions confidentielles. Des transactions commerciales confidentielles, des secrets commerciaux et des informations financières sensibles peuvent être exposés sur la blockchain, ce qui pose problème pour certaines industries ou applications nécessitant la confidentialité.

Zcash, une crypto-monnaie axée sur la confidentialité, utilise des preuves sans connaissance pour accroître la confidentialité des transactions. En employant des techniques cryptographiques avancées, Cash permet aux utilisateurs d'effectuer des transactions en privé tout en garantissant l'intégrité de la blockchain.

La technologie blockchain pose des défis en matière de conformité aux réglementations en matière de protection des données, telles que le RGPD. Le caractère immuable de la blockchain rend difficile la modification ou l'effacement des données personnelles, comme l'exigent certaines réglementations. Garantir le consentement des utilisateurs, la minimisation des données et le droit à l'oubli devient plus complexe dans le contexte de la blockchain.

Les transactions financières sur la blockchain peuvent rencontrer des difficultés pour se conformer aux réglementations, telles que les exigences de connaissance de votre client (KYC) et de lutte contre le blanchiment d'argent (AML). La nature pseudonyme des transactions blockchain rend difficile l'identification des parties impliquées et la vérification de leur identité, ce qui entrave les efforts de conformité.

Les blockchains autorisées, contrairement aux blockchains publiques, restreignent l'accès et la participation aux entités connues. En mettant en œuvre des contrôles d'accès et des mécanismes de vérification d'identité, les blockchains autorisées offrent plus de flexibilité pour se conformer aux exigences réglementaires tout en tirant parti des avantages de la technologie blockchain.

Les techniques améliorant la confidentialité dans la blockchain, telles que le cryptage ou les preuves sans connaissance, peuvent introduire des compromis en termes d'évolutivité. Ces techniques nécessitent des ressources informatiques supplémentaires et peuvent augmenter les temps de traitement des transactions, ce qui a un impact sur l'évolutivité globale du réseau blockchain.

Les mécanismes de consensus distribués, tels que Proof of Work (PoW) et Proof of Stake (PoS), nécessitent la validation des transactions par les participants au réseau. Ce processus de validation implique généralement le partage des détails de la transaction, ce qui peut potentiellement compromettre la confidentialité des transactions.

Les pièces de confidentialité, telles que Monero et Dash, visent à améliorer la confidentialité en utilisant des techniques cryptographiques avancées. Ces crypto-monnaies axées sur la confidentialité offrent des fonctionnalités d'anonymat, notamment des transactions confidentielles et des détails de transaction obscurcis, pour protéger la confidentialité des utilisateurs.

Les recherches en cours visent à développer des technologies améliorant la confidentialité, spécialement conçues pour les réseaux blockchain. Des techniques telles que les preuves sans connaissance, les signatures en anneau et les calculs multipartites sécurisés peuvent permettre des transactions privées tout en préservant la transparence et l'intégrité de la blockchain.

Les solutions d'identité décentralisées cherchent à relever les défis de la protection des données personnelles dans les réseaux blockchain. En permettant aux individus de contrôler leur propre identité et de déterminer quelles données sont partagées, les solutions d'identité décentralisées visent à améliorer la confidentialité tout en conservant les avantages de la technologie blockchain.

Le développement de cadres juridiques et réglementaires spécifiquement conçus pour la technologie blockchain est crucial pour répondre aux problèmes de confidentialité. De tels cadres devraient trouver un équilibre entre la protection de la vie privée des utilisateurs et la conformité à la protection des données et aux réglementations financières.

Considérations réglementaires et juridiques

Une force perturbatrice susceptible de transformer de nombreux secteurs est en train d'émerger : la technologie blockchain. La blockchain présente néanmoins des difficultés et des contraintes particulières en termes de questions juridiques et réglementaires, en raison de son caractère décentralisé et international. Cette section examine les difficultés et les contraintes des cadres juridiques et réglementaires dans le contexte de la technologie blockchain, en mettant l'accent sur leurs effets sur la sécurité des données, les restrictions territoriales, le caractère exécutoire des contrats intelligents et le respect des règles et réglementations déjà existantes.

La transparence et l'immuabilité de la blockchain soulèvent des questions concernant la sécurité et la confidentialité des données. Les réglementations régissant la protection des données, telles que le Règlement général sur la protection des données (RGPD), qui impose aux personnes de contrôler leurs données personnelles, peuvent être en conflit avec le stockage de données sensibles et privées sur la blockchain.

L'équilibre entre anonymat et pseudonymat dans les transactions blockchain présente des défis dans l'identification des individus impliqués. Même si l'utilisation de pseudonymes protège les identités réelles, elle peut entraver les efforts réglementaires visant à lutter contre les activités illégales, le blanchiment d'argent et le financement du terrorisme.

Les pièces de confidentialité, telles que Monero et Cash, utilisent des techniques cryptographiques avancées pour améliorer la confidentialité des transactions. Bien qu'ils offrent davantage de confidentialité et d'anonymat, leur utilisation suscite des inquiétudes parmi les régulateurs en raison de leur utilisation abusive potentielle dans des activités illicites.

La blockchain fonctionne au-delà des frontières et des juridictions, posant des défis aux régulateurs dans l'application des lois existantes. La nature décentralisée des réseaux blockchain rend difficile l'identification de la juridiction responsable de la réglementation et de la gouvernance des transactions et des entités.

Différents pays ont des cadres réglementaires et des approches différents en matière de technologie blockchain. Ce manque d'harmonisation entraîne une fragmentation et des incohérences réglementaires, ce qui rend difficile pour les entreprises de s'adapter aux exigences légales et d'opérer à l'échelle mondiale.

Les offres initiales de pièces de monnaie (ICO), qui permettent une collecte de fonds basée sur la blockchain, sont souvent confrontées à des défis réglementaires en raison de leur nature transfrontalière. Différentes juridictions classent différemment les ICO, ce qui entraîne une incertitude réglementaire et des conflits potentiels liés au respect de la réglementation sur les valeurs mobilières.

Les contrats intelligents, qui sont des accords auto-exécutoires basés sur la technologie blockchain, soulèvent des questions quant à leur force exécutoire. Les systèmes juridiques traditionnels peuvent ne pas reconnaître explicitement les contrats intelligents, ce qui rend difficile la détermination de leur statut juridique et de leur applicabilité.

Le concept de « code en tant que loi » fait référence à l'idée selon laquelle les contrats intelligents sont auto-exécutables et exécutoires sur la base du code sous-jacent. Cependant, des conflits entre le code des contrats intelligents et les exigences légales peuvent survenir, entraînant des difficultés dans la détermination du cadre juridique applicable.

Le piratage de la DAO (Decentralized Autonomous Organization) en 2016 a mis en évidence les défis liés à l'applicabilité des contrats intelligents. L'exploit a entraîné une perte de millions de dollars, soulevant des questions sur la responsabilité juridique et la responsabilité des développeurs et des utilisateurs dans de tels cas.

La nature pseudonyme de la blockchain soulève des difficultés pour se conformer aux réglementations AML et KYC, qui exigent l'identification et la vérification des participants. L'absence de méthodes d'identification traditionnelles sur la blockchain complique les efforts de conformité.

Les activités financières basées sur la blockchain, telles que les échanges de crypto-monnaies, sont confrontées à des difficultés pour se conformer aux réglementations financières existantes. Les réglementations liées aux valeurs mobilières, au transfert de fonds et à la protection des investisseurs peuvent ne pas prendre explicitement en compte la technologie blockchain, ce qui entraîne une ambiguïté juridique et des problèmes de conformité.

Les bacs à sable réglementaires, établis par certaines juridictions, visent à favoriser l'innovation tout en fournissant un environnement contrôlé aux startups blockchain pour tester leurs produits et services. Ces bacs à sable permettent aux régulateurs de collaborer avec les entreprises, de mieux comprendre la technologie et de développer des cadres réglementaires sur mesure.

Il est essentiel d'encourager la coopération internationale et l'harmonisation des réglementations pour relever les défis et les limites de la technologie blockchain.

L'établissement de cadres et de lignes directrices communs peut favoriser l'innovation transfrontalière et le respect des exigences réglementaires.

Les réglementations doivent s'efforcer d'être neutres sur le plan technologique, en se concentrant sur les activités et les risques sous-jacents plutôt que sur des technologies spécifiques. Cette approche permet flexibilité et adaptabilité à mesure que la technologie blockchain continue d'évoluer.

Les efforts de collaboration entre les secteurs public et privé sont essentiels pour développer des cadres réglementaires efficaces. L'implication des parties prenantes, notamment les entreprises blockchain, les experts juridiques et les organismes de réglementation, favorise le dialogue et la compréhension, conduisant à des réglementations plus éclairées et équilibrées.

Consommation d'énergie

La technologie blockchain a suscité une attention particulière en raison de son potentiel à révolutionner diverses industries. Cependant, l'adoption généralisée de la blockchain pose des défis uniques liés à la consommation d'énergie. La nature décentralisée et intensive en calcul des réseaux blockchain nécessite une puissance de calcul et des ressources énergétiques importantes. Cette section explore les défis et les limites de la consommation d'énergie dans la technologie blockchain, en mettant en évidence l'impact environnemental, les problèmes d'évolutivité et les efforts visant à améliorer l'efficacité énergétique.

Les réseaux blockchain qui s'appuient sur le mécanisme de consensus PoW, comme Bitcoin, nécessitent une puissance de calcul importante pour résoudre des énigmes mathématiques complexes. Les mineurs rivalisent pour trouver la solution, ce qui nécessite d'importantes ressources de calcul, ce qui entraîne une consommation d'énergie élevée.

La consommation d'énergie associée aux réseaux blockchain a suscité des inquiétudes quant à son impact environnemental. La majorité des sources d'énergie utilisées pour l'exploitation minière de la blockchain dépendent de combustibles fossiles, ce qui entraîne des émissions de carbone et contribue au changement climatique.

Bitcoin, en tant que réseau blockchain le plus connu, est souvent critiqué pour sa consommation énergétique importante. Selon certaines estimations, l'énergie consommée par le réseau Bitcoin est comparable à la consommation énergétique de pays entiers, ce qui soulève des inquiétudes quant à la durabilité.

La consommation d'énergie des réseaux blockchain devient une préoccupation de

plus

en plus importante à mesure que le débit des transactions augmente. Des volumes de transactions plus élevés nécessitent davantage de puissance de calcul et de ressources énergétiques, ce qui peut entraîner une augmentation de la consommation d'énergie. Les solutions d'évolutivité, telles que la mise à l'échelle et le partitionnement hors chaîne, visent à améliorer le débit des transactions. Cependant, ces solutions peuvent introduire des compromis en termes d'efficacité énergétique. Par exemple, la mise à l'échelle hors chaîne peut nécessiter des ressources de calcul et une consommation d'énergie supplémentaires pour prendre en charge les transactions hors chaîne.

Le deuxième plus grand réseau de blockchain, Ethereum, passe de la preuve de travail (PoW) au mécanisme de consensus Proof of Stake (PoS), plus économe en énergie. Le PoS nécessite beaucoup moins de puissance de calcul, ce qui entraîne une réduction de la consommation d'énergie et répond aux problèmes d'évolutivité.

Le développement de mécanismes de consensus économes en énergie est un domaine de recherche actif dans la technologie blockchain. En éliminant les calculs qui nécessitent beaucoup de ressources, des mécanismes de consensus alternatifs tels que la preuve d'enjeu et la preuve d'autorité cherchent à économiser l'énergie.

Les effets environnementaux négatifs de la technologie blockchain peuvent être réduits en faisant évoluer les réseaux blockchain vers des sources d'énergie renouvelables comme l'énergie solaire ou éolienne. L'utilisation d'énergies renouvelables pour les opérations minières réduit les émissions de carbone et favorise la durabilité.

Diverses initiatives de blockchain verte ont vu le jour pour relever les défis de consommation d'énergie de la technologie blockchain. Ces initiatives se concentrent sur la promotion de l'utilisation des énergies renouvelables, la compensation des émissions de carbone et le développement d'une infrastructure blockchain durable.

Concevoir une économie symbolique et des mécanismes d'incitation qui récompensent les comportements économes en énergie peut encourager les mineurs et les validateurs à adopter des pratiques d'économie d'énergie. Les structures de récompense qui considèrent l'efficacité énergétique comme un critère favorisent la durabilité dans les réseaux blockchain.

Réaliser des audits énergétiques et certifier les réseaux blockchain en fonction de leur consommation énergétique peut améliorer la transparence et la responsabilité. Les programmes de certification énergétique peuvent inciter les projets blockchain à réduire leur consommation d'énergie et à adopter des pratiques plus efficaces.
Chia Network est un projet blockchain qui vise à relever les défis de consommation d'énergie du consensus PoW. Chia Network utilise un nouveau mécanisme de consensus appelé Proof of Space and Time, qui s'appuie sur l'espace disque disponible plutôt que sur la puissance de calcul, réduisant ainsi la consommation d'énergie.
Relever les défis de consommation d'énergie de la technologie blockchain nécessite une collaboration entre diverses parties prenantes, notamment les développeurs de blockchain, les mineurs, les décideurs politiques et les organisations environnementales. La collaboration favorise l'échange de connaissances, promeut les meilleures pratiques et facilite le développement de solutions économes en énergie.

L'établissement de normes et de lignes directrices industrielles pour la consommation d'énergie dans les réseaux blockchain peut promouvoir la durabilité et la responsabilité environnementale. Ces normes peuvent définir des références en matière d'efficacité énergétique, encourager la transparence dans les rapports sur la consommation d'énergie et soutenir le déploiement responsable de la blockchain.

Interopérabilité

La technologie Blockchain a attiré une attention particulière en raison de son potentiel à transformer les industries grâce à la décentralisation, à la transparence et à la sécurité. Cependant, à mesure que l'adoption de la blockchain se développe, la question de l'interopérabilité est devenue un défi crucial. L'interopérabilité est la capacité de divers réseaux blockchain à interagir, échanger des données et communiquer entre eux de manière transparente. Cette section explore les défis et les limites de l'interopérabilité dans la technologie blockchain, en soulignant l'impact sur le partage de données, les transactions entre chaînes et le développement d'un écosystème blockchain connecté.

L'écosystème blockchain se compose de nombreux réseaux blockchain, chacun avec ses propres protocoles, mécanismes de consensus et structures de données. Cette fragmentation pose des défis pour parvenir à une communication et une interopérabilité transparentes entre les différentes plates-formes blockchain.

L'échange d'informations et d'actifs entre différents réseaux blockchain est rendu possible par l'interopérabilité. Il favorise la collaboration, permet les transactions entre chaînes et améliore l'efficacité globale et la convivialité de la technologie blockchain.

Les transferts de jetons entre chaînes font référence à la capacité de transférer des jetons de manière transparente entre différents réseaux blockchain. La réalisation de l'interopérabilité entre les chaînes peut ouvrir de nouvelles possibilités pour les applications de finance décentralisée (DéFi), permettant des transferts d'actifs et des liquidités fluides sur plusieurs blockchains.

Différents réseaux blockchain utilisent différentes architectures, mécanismes de consensus et langages de contrats intelligents, ce qui rend difficile l'établissement de protocoles d'interopérabilité. Des problèmes d'incompatibilité surviennent en raison de différences dans la représentation des données, les formats de transaction et les algorithmes cryptographiques.

Atteindre l'interopérabilité à grande échelle présente des défis liés au débit des transactions, à la latence du réseau et aux ressources informatiques. Garantir une communication et un transfert de données efficaces sur plusieurs blockchains sans compromettre l'évolutivité constitue un défi technique important.

Polkadot est une plateforme blockchain qui répond aux défis d'interopérabilité en fournissant un cadre de connexion et de communication entre différentes blockchains.

Sa conception permet la création de parachutistes, des blockchains spécialisées pouvant interagir avec le réseau Polkadot, facilitant l'interopérabilité et l'évolutivité.

L'absence de normes d'interopérabilité largement acceptées entrave l'intégration transparente des différents réseaux blockchain. Le développement de protocoles, de formats de données et de normes de communication communs est crucial pour parvenir à l'interopérabilité.

L'établissement de modèles de gouvernance permettant la collaboration, la prise de décision et la mise à niveau des protocoles entre les différents réseaux blockchain est essentiel pour parvenir à l'interopérabilité. La collaboration dans les cadres de gouvernance peut aider à relever les défis techniques et politiques.

L'Entreprise Ethereum Alliance (EAA) est une collaboration de sociétés, d'entreprises et de startups blockchain visant à définir et à développer des normes interopérables pour les applications basées sur Ethereum. L'UE se concentre sur la promotion de l'interopérabilité, de l'évolutivité et de l'amélioration de la confidentialité au sein de l'écosystème Ethereum.

La réalisation de l'interopérabilité soulève des problèmes de sécurité, comme la possibilité que des acteurs malveillants puissent compromettre d'autres réseaux blockchain en tirant parti des vulnérabilités d'un réseau. Garantir la sécurité des communications, l'intégrité des données et la protection contre les attaques constituent des défis critiques.

L'interopérabilité sans confiance, dans laquelle les réseaux blockchain peuvent interagir sans recourir à des intermédiaires, est un principe fondamental. L'établissement de mécanismes sans confiance pour la communication entre chaînes et les transferts d'actifs nécessite des protocoles cryptographiques robustes et des mécanismes de consensus.

Cosmos est un réseau de blockchains interconnectées visant à assurer une interopérabilité sécurisée et évolutive. Il utilise un protocole appelé protocole Inter-Blockchain Communication (IBC), qui permet le transfert sécurisé d'actifs et de données entre différentes blockchains au sein de l'écosystème Cosmos.

Les défis de l'interopérabilité s'étendent au-delà des aspects techniques pour englober des considérations réglementaires et juridiques. Assurer la conformité aux lois, réglementations et exigences de confidentialité des données des différentes juridictions pose des défis lors de l'échange de données et d'actifs sur les réseaux blockchain.

L'interopérabilité des réseaux blockchain soulève des questions sur les droits de propriété intellectuelle et les licences. La détermination de la propriété, des droits d'utilisation et des accords de licence dans un écosystème blockchain connecté nécessite des cadres juridiques qui prennent en compte ces considérations.

L'European Blockchain Services Infrastructure (EBSI) est une initiative de la Commission européenne visant à établir l'interopérabilité entre les réseaux européens de blockchain. Il se concentre sur la fourniture de services publics transfrontaliers utilisant la technologie blockchain tout en relevant les défis juridiques et réglementaires.

ChapitreVIII :Adoptiondelablockchainettendances futures

Adoption par l'industrie

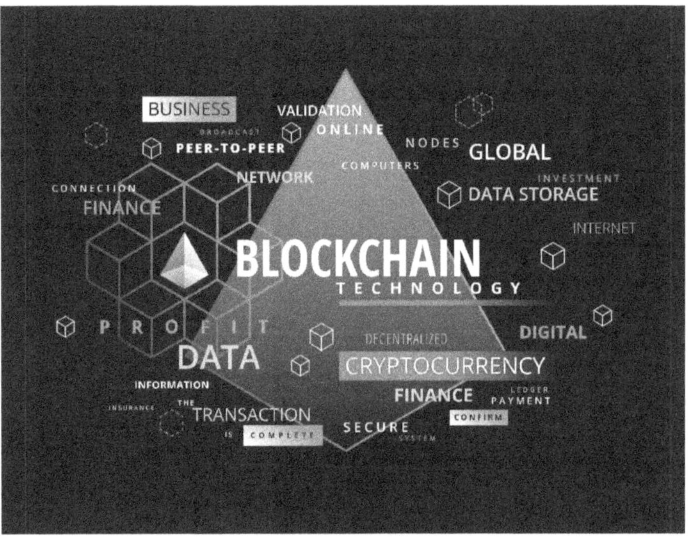

La technologie Blockchain a suscité une attention considérable en raison de son potentiel à transformer les industries à travers le monde. La blockchain propose des solutions décentralisées, transparentes et sûres qui pourraient modifier les pratiques d'entreprise de longue date dans un certain nombre de secteurs, notamment les services financiers et la gestion de la chaîne d'approvisionnement. Cette section explore l'adoption de la technologie blockchain par l'industrie, en soulignant son impact sur divers secteurs, les défis d'une adoption généralisée et le potentiel de croissance future.

La technologie Blockchain fournit une plateforme sécurisée et efficace pour les transactions financières. En éliminant les intermédiaires, en réduisant les coûts et en améliorant la transparence, la blockchain a le potentiel de rationaliser les systèmes de paiement, les envois de fonds transfrontaliers et les transactions peer-to-peer.

Les applications DéFi exploitent la technologie blockchain pour fournir des alternatives décentralisées aux services financiers traditionnels. Les contrats intelligents permettent des fonctionnalités telles que le prêt, l'emprunt et les échanges décentralisés, permettant aux utilisateurs d'accéder directement aux services financiers sans recourir à des intermédiaires.

La blockchain offre une visibilité et une traçabilité améliorées tout au long de la chaîne d'approvisionnement. En enregistrant chaque transaction et mouvement de marchandises sur un registre immuable, la blockchain permet une gestion sécurisée et transparente de la chaîne d'approvisionnement, réduisant ainsi la fraude, la contrefaçon et améliorant la provenance des produits.

La blockchain a été utilisée pour répondre aux problèmes de sécurité alimentaire en permettant une traçabilité de bout en bout. En enregistrant chaque étape de la chaîne d'approvisionnement, de la ferme à la table, la blockchain permet aux consommateurs de vérifier l'origine, la qualité et la sécurité des produits alimentaires, renforçant ainsi la

confiance et réduisant les maladies d'origine alimentaire.

Dans le secteur de la santé, la technologie blockchain offre le potentiel d'améliorer l'intégrité et l'interopérabilité des données. En stockant en toute sécurité les dossiers des patients, en garantissant la confidentialité des données et en permettant un partage transparent des données, la blockchain peut améliorer la coordination des soins, la recherche clinique et la sécurité des dossiers de santé électroniques.

La blockchain peut faciliter le partage sécurisé et transparent des données de recherche médicale et rationaliser le processus des essais cliniques. En garantissant l'intégrité des données, en protégeant la vie privée des patients et en permettant un partage sécurisé des données, la blockchain améliore la collaboration, accélère les découvertes médicales et améliore les résultats pour les patients.

La technologie Blockchain peut permettre des solutions d'identité décentralisées et auto-souveraines. En offrant aux individus le contrôle de leur identité numérique et en réduisant le recours aux autorités centralisées, la blockchain améliore la confidentialité, la sécurité et l'interopérabilité dans la gestion des identités.

En fournissant une identité juridique aux personnes marginalisées, les solutions d'identité numérique basées sur la blockchain ont le potentiel d'accroître l'accès aux prestations gouvernementales, aux soins de santé et aux services financiers. En donnant aux individus des identités sécurisées et portables, la blockchain élimine les obstacles liés à l'identité et favorise l'inclusion.

La blockchain est confrontée à des défis de mise à l'échelle pour gérer un volume important de transactions et d'utilisateurs. Les coûts de transaction élevés, la congestion du réseau et le débit de transaction limité constituent des obstacles à une adoption généralisée. Des solutions d'évolutivité, telles que les protocoles de couche 2 et le partitionnement, sont à l'étude pour relever ces défis.

L'évolution du paysage réglementaire présente des défis pour l'adoption de la technologie blockchain. Le respect de la protection des données, des réglementations financières et des cadres juridiques transfrontaliers nécessite un équilibre entre innovation et conformité réglementaire. Les efforts de collaboration entre les parties prenantes de l'industrie et les décideurs politiques sont essentiels pour développer des cadres réglementaires adaptés.

L'interopérabilité entre les différents réseaux blockchain et la standardisation des protocoles sont cruciales pour une intégration transparente et une adoption généralisée. Des efforts visant à établir des normes d'interopérabilité et à favoriser la collaboration entre les réseaux blockchain sont en cours pour surmonter les barrières des écosystèmes blockchain cloisonnés.

La technologie Blockchain a le potentiel de fonctionner avec des technologies innovantes telles que le cloud computing, l'intelligence artificielle et l'Internet des objets (IoT). Les synergies avec ces technologies peuvent ouvrir de nouvelles opportunités, améliorer l'efficacité et stimuler l'innovation dans tous les secteurs.

Les gouvernements et les institutions du monde entier reconnaissent le potentiel de la technologie blockchain et explorent ses applications. Des initiatives telles que les monnaies numériques nationales, les systèmes de gouvernance basés sur la blockchain et les collaborations public-privé témoignent de l'intérêt croissant et de l'adoption de la blockchain au niveau systémique.

Les banques centrales explorent le développement de la CBDC en utilisant la technologie blockchain. Les avantages potentiels des CBDC comprennent une inclusion financière accrue, une rationalisation du commerce international et une politique monétaire plus efficace.

Initiatives gouvernementales

La technologie blockchain a attiré l'attention des gouvernements du monde entier pour son potentiel à révolutionner les services publics, à améliorer la transparence et à favoriser la transformation numérique. Les gouvernements explorent de plus en plus les initiatives blockchain pour rationaliser les processus, améliorer l'efficacité et favoriser la confiance entre les citoyens. Cette section explore les initiatives gouvernementales visant à adopter la technologie blockchain, en soulignant son impact sur la gouvernance, les services publics, la gestion des identités et les défis de mise en œuvre.

La technologie Blockchain permet une tenue de registres transparente et immuable, réduisant ainsi les risques de corruption et renforçant la confiance du public dans les institutions gouvernementales. En fournissant un registre vérifiable et inviolable, la blockchain peut améliorer la gouvernance et garantir la responsabilité.

Les gouvernements explorent la blockchain pour les systèmes d'enregistrement foncier afin de garantir des transactions immobilières sécurisées et transparentes. La nature décentralisée de la blockchain permet l'enregistrement de la propriété, des transferts et des titres de propriété, réduisant ainsi les litiges et augmentant l'efficacité de l'administration foncière.

Les gouvernements utilisent la blockchain pour développer des systèmes d'identité sécurisés et autonomes. Les solutions d'identité numérique basées sur la blockchain permettent aux individus de contrôler leurs données personnelles, améliorant ainsi la confidentialité et rationalisant les processus de vérification d'identité.

Le programme e-Residency de l'Estonie exploite la technologie blockchain pour fournir des identités numériques aux non-résidents, permettant ainsi l'accès aux services gouvernementaux estoniens et favorisant un environnement commercial numérique. Le programme démontre le potentiel de la blockchain dans la gestion transfrontalière des identités.

La blockchain peut optimiser les processus de passation des marchés publics en assurant transparence, traçabilité et automatisation. Les contrats intelligents peuvent automatiser les accords de passation des marchés publics, garantissant leur conformité, réduisant la fraude et améliorant l'efficacité des marchés publics.

La Commission nationale de l'énergie du Chili a mis en œuvre une plateforme basée sur la blockchain pour suivre et authentifier les certificats d'énergie renouvelable. La plateforme permet la transparence et la traçabilité sur le marché des énergies renouvelables, garantissant l'intégrité des certificats et promouvant la durabilité.

La blockchain a le potentiel de révolutionner les systèmes de vote en fournissant des enregistrements transparents, sécurisés et infalsifiables. Cela peut renforcer la confiance dans les processus électoraux, permettre le vote à distance et rationaliser la vérification des résultats.

La Virginie occidentale a piloté un système de vote mobile basé sur la technologie blockchain, permettant au personnel militaire étranger de voter en toute sécurité et à distance. L'initiative met en valeur le potentiel de la blockchain pour améliorer l'accessibilité et l'intégrité des systèmes de vote.

L'élaboration de cadres réglementaires appropriés pour la technologie blockchain pose des défis aux gouvernements. Les facteurs importants à prendre en compte incluent le respect des réglementations en vigueur, la gestion des risques potentiels et la

recherche
d'un équilibre entre innovation et protection des consommateurs.

Parvenir à l'interopérabilité entre les différentes plateformes blockchain et établir des normes communes constituent des défis majeurs. La collaboration entre les gouvernements, les acteurs industriels et les organisations internationales est essentielle pour surmonter les obstacles à l'interopérabilité et favoriser un écosystème blockchain connecté.

La nature transparente de la blockchain soulève des inquiétudes quant à la confidentialité et à la sécurité des données. Les gouvernements doivent établir des mesures robustes de protection des données, garantir un cryptage et des contrôles d'accès appropriés, et répondre aux problèmes de confidentialité dans la mise en œuvre de la blockchain.

Les gouvernements s'engagent de plus en plus dans des partenariats public-privé pour piloter les initiatives blockchain. Les efforts de collaboration favorisent le partage des connaissances, la mise en commun des ressources et permettent de trouver des solutions globales qui répondent aux besoins des parties prenantes du gouvernement et de l'industrie.

La coopération mondiale et l'échange de connaissances entre gouvernements sont essentiels pour faire progresser la technologie blockchain. Les forums, conférences et initiatives internationales facilitent le partage des meilleures pratiques, l'harmonisation des cadres réglementaires et la collaboration dans la recherche et le développement de la blockchain.

Les initiatives gouvernementales en matière de technologie blockchain ont le potentiel de stimuler la croissance économique, d'attirer les investissements et de créer de nouvelles opportunités d'emploi. En adoptant la blockchain, les gouvernements peuvent se positionner en tant que leaders de la transformation numérique et de l'innovation.

Impact sur les industries traditionnelles

La technologie Blockchain a le potentiel de bouleverser les industries traditionnelles en offrant des solutions transparentes, sécurisées et décentralisées. À mesure que l'adoption de la blockchain s'accélère, des secteurs tels que la finance, la chaîne d'approvisionnement, la santé et bien d'autres connaissent des transformations importantes. Cette section explore l'impact de la blockchain sur les industries traditionnelles, en soulignant son rôle dans l'amélioration de la transparence, de l'efficacité, de la confiance et dans la création de nouveaux modèles commerciaux.

La technologie Blockchain permet des paiements et des envois de fonds transfrontaliers rapides, sécurisés et rentables. En éliminant les intermédiaires et en réduisant les frais de transaction, la blockchain offre une alternative décentralisée aux systèmes bancaires traditionnels.

Les pièces stables, telles que Tether et USD Coin, utilisent la technologie blockchain pour fournir des monnaies numériques stables liées aux monnaies fiduciaires traditionnelles. Les Stable Coins offrent les avantages de la blockchain, notamment des transactions rapides et une accessibilité mondiale, tout en minimisant la volatilité des prix.

La technologie Blockchain améliore la transparence de la chaîne d'approvisionnement en enregistrant chaque transaction et mouvement de marchandises sur un grand livre immuable. Cela permet aux parties prenantes de vérifier l'authenticité, l'origine et le mouvement des produits, réduisant ainsi la fraude, la contrefaçon et améliorant l'efficacité de la chaîne d'approvisionnement.

La technologie Blockchain est utilisée par IBM Food Trust pour accroître la transparence et la traçabilité de la chaîne d'approvisionnement alimentaire. En permettant aux parties prenantes de suivre le parcours des produits alimentaires de la ferme à la table, il améliore la sécurité alimentaire, réduit les déchets et renforce la confiance des consommateurs.

La blockchain permet des dossiers de santé sécurisés et interopérables, permettant aux prestataires de soins de santé d'accéder de manière transparente à des informations précises sur les patients. Cela améliore la coordination des soins, réduit les erreurs médicales et améliore les résultats pour les patients.

MedRec est un système de dossiers médicaux basé sur la blockchain qui permet aux patients de contrôler leurs données de santé en toute sécurité. Il permet aux prestataires de soins de santé autorisés d'accéder aux dossiers des patients, garantissant ainsi l'intégrité des données, la confidentialité et la prestation efficace des soins de santé.

La technologie Blockchain peut rationaliser les transactions immobilières en fournissant des enregistrements transparents et immuables de la propriété, des transferts et des titres de propriété. Cela réduit la fraude, renforce la confiance et simplifie le processus d'achat et de vente de propriétés.

Propy est une plateforme immobilière basée sur la blockchain qui permet des transactions immobilières transfrontalières. En tirant parti des contrats intelligents et de la technologie blockchain, Propy simplifie le processus, réduit les coûts et fournit une plate-forme sécurisée pour les transferts de propriété.

La blockchain facilite le commerce d'énergie peer-to-peer, permettant aux particuliers et aux entreprises d'acheter et de vendre de l'énergie directement. Les contrats intelligents automatisent les transactions, garantissent la transparence et permettent l'intégration des énergies renouvelables.

Les consommateurs peuvent acheter et vendre de l'énergie solaire supplémentaire sur la plateforme d'échange d'énergie basée sur la blockchain Power Ledger. La plateforme permet des marchés énergétiques décentralisés, favorise l'adoption des énergies renouvelables et permet aux individus de devenir producteurs d'énergie.

La blockchain est confrontée à des défis d'évolutivité lors du traitement d'un grand volume de transactions. Développer des solutions évolutives tout en maintenant la décentralisation est crucial pour l'adoption généralisée de la blockchain.

L'évolution du paysage réglementaire pose des défis à l'adoption de la blockchain dans les secteurs traditionnels. Garantir le respect des lois en vigueur, des réglementations sur la protection des données et résoudre les problèmes juridictionnels sont des considérations cruciales.

L'intégration de la blockchain aux systèmes existants et à l'infrastructure existante peut s'avérer complexe. L'intégration et l'interopérabilité transparentes avec les systèmes existants nécessitent une planification minutieuse, une expertise technique et une collaboration avec les parties prenantes de l'industrie.

La collaboration entre les acteurs de l'industrie, les organismes de normalisation et les consortiums est essentielle pour développer des solutions blockchain interopérables. L'interopérabilité permet un partage de données et une communication transparents entre différents réseaux blockchain, ouvrant ainsi de nouvelles opportunités de collaboration.

La blockchain permet la tokenisation des actifs, ouvrant ainsi de nouvelles voies de collecte de fonds, de propriété fractionnée et de modèles commerciaux innovants. La tokenisation permet la démocratisation des opportunités d'investissement et la création d'écosystèmes décentralisés.

Développements futurs potentiels

La technologie Blockchain a évolué rapidement depuis sa création, révolutionnant diverses industries et remettant en question les modèles commerciaux traditionnels. À mesure que la blockchain continue de mûrir, son potentiel de développement futur est vaste. Cette section explore les développements futurs potentiels de la technologie blockchain, y compris les progrès en matière d'évolutivité, de confidentialité, d'interopérabilité, de gouvernance et les tendances émergentes qui façonneront sa trajectoire.

Les solutions de couche 2 visent à relever les défis d'évolutivité de la technologie blockchain en traitant les transactions hors chaîne tout en tirant parti de la sécurité de la blockchain sous-jacente. Des solutions telles que Lightning Network pour Bitcoin et les canaux étatiques pour Ethereum améliorent le débit des transactions et réduisent les frais.

Le partitionnement est une technique qui consiste à diviser le réseau blockchain en sous-ensembles plus petits et plus gérables appelés fragments. Chaque fragment peut traiter les transactions de manière indépendante, améliorant considérablement l'évolutivité et les performances globales de la blockchain.

Ethereum fait l'objet d'une mise à niveau majeure appelée Ethereum 2.0, qui intègre le sharding et une transition du consensus Proof of Work au Proof of Stake. Ces changements devraient améliorer l'évolutivité, l'efficacité énergétique et permettre au réseau de gérer un volume de transactions plus élevé.

Les preuves sans connaissance permettent des calculs vérifiables sans révéler les données sous-jacentes. En tirant parti des techniques cryptographiques, les preuves sans connaissance améliorent la confidentialité des transactions blockchain, permettant des transactions sécurisées et privées tout en maintenant la transparence de la blockchain.

Les transactions confidentielles utilisent des techniques telles que le cryptage homomorphe et les preuves de plage pour dissimuler les montants des transactions tout en garantissant leur validité. Cela améliore la confidentialité en gardant les informations financières sensibles confidentielles tout en permettant la vérification des transactions.

Monero est une crypto-monnaie axée sur la confidentialité qui utilise des signatures en anneau, des adresses furtives et des transactions confidentielles. Ces fonctionnalités de confidentialité garantissent que les transactions sur la blockchain Monero sont intraçables et offrent une confidentialité renforcée à ses utilisateurs.

Les protocoles d'interopérabilité visent à faciliter une communication et un transfert de données transparents entre différents réseaux blockchain. Ces protocoles permettent des transactions inter-chaînes, des transferts d'actifs et l'échange d'informations, favorisant ainsi un écosystème blockchain connecté et interopérable.

Les sidechains permettent le transfert d'actifs et de données entre différentes blockchains tout en conservant leurs caractéristiques uniques. Les mécanismes de pont, tels que les échanges atomiques entre chaînes, facilitent les échanges d'actifs

sans

confiance entre plusieurs blockchains, améliorant ainsi l'interopérabilité.

Polkadot est une plateforme multi-chaînes qui vise à permettre l'interopérabilité entre les différentes blockchains. Il utilise une chaîne de relais et des prochains pour faciliter la communication sécurisée et les transferts d'actifs entre les différentes blockchains du réseau Polkadot.

À mesure que les réseaux blockchain évoluent, le développement de modèles de gouvernance robustes devient crucial. La gouvernance de la blockchain comprend les processus de prise de décision, les mécanismes de consensus et la participation de la communauté. Les modèles de gouvernance s'efforcent de maintenir la décentralisation, d'assurer le consensus et de s'adapter aux besoins changeants de la communauté.

Les organisations autonomes décentralisées (DAO) sont des organisations qui opèrent sur des réseaux blockchain, utilisant des contrats intelligents et une prise de décision décentralisée pour automatiser les processus de gouvernance. Les DAO permettent la participation, le vote et la prise de décision de la communauté, responsabilisant les parties prenantes et réduisant le besoin d'un contrôle centralisé.

Sur la blockchain Ethereum, il existe une organisation autonome décentralisée appelée MakerDAO. Il régit le Maker Protocol, qui permet la création de pièces stables. Les détenteurs de jetons Maker DAO participent aux processus de vote et de prise de décision pour façonner l'orientation du protocole.

Les jetons non fongibles (NFT) sont des actifs numériques uniques, indivisibles et vérifiables sur la blockchain. Ils ont attiré une attention considérable dans les secteurs de l'art, des jeux et des objets de collection. Les NFT offrent de nouvelles possibilités de propriété, de provenance et de monétisation des actifs numériques.

Les banques centrales du monde entier étudient le développement de monnaies numériques en utilisant la technologie blockchain. Les CBDC visent à fournir un moyen d'échange sûr et efficace, permettant des transactions plus rapides, réduisant les coûts et améliorant l'inclusion financière.

La finance décentralisée (DéFi) englobe une gamme d'applications financières construites sur des réseaux blockchain, notamment les prêts, les emprunts, les échanges décentralisés et l'agriculture de rendement. Les protocoles DéFi visent à fournir des services financiers ouverts et sans autorisation, perturbant les intermédiaires traditionnels et permettant une plus grande inclusion financière.

Conclusion

Récapitulatif des points clés

La technologie blockchain est devenue une puissante force de transformation, remodelant des secteurs entiers, des modèles commerciaux et des écosystèmes décentralisés. Tout au long de cet e-book, nous avons exploré les différents aspects de la blockchain, y compris ses principes sous-jacents, ses composants, ses mécanismes de consensus, ses applications, ses défis et ses développements futurs potentiels. Dans ce récapitulatif, nous résumons les points clés abordés, en fournissant un résumé complet de la technologie blockchain.

Comprendre la technologie Blockchain :

- Lablockchainestunregistredistribuédécentralisé,transparentetimmuablequi assure le suivi des transactions.

- Ilpermetdestransactionspeer-to-peersansavoirrecoursàdesintermédiaires, améliorant ainsi l'efficacité et réduisant les coûts.

● Les principales caractéristiques de la blockchain incluent la transparence, la sécurité, l'immuabilité et la décentralisation.

Composants de la Blockchain :

● La blockchain se compose de composants clés tels que les nœuds, les transactions, les blocs et le mécanisme de consensus.

● Les nœuds sont les participants au réseau blockchain qui maintiennent et valident le grand livre.

● Lestransactionssontdesenregistrementsd'échangesdedonnéesregroupésen blocs.

● Lesblocscontiennentunensembledetransactionsetsontliésentreeuxpour former la blockchain.

Mécanismes de consensus :

● Les mécanismes de consensus garantissent un accord entre les nœuds sur l'état de la blockchain.

● La preuve de travail (PoW) et la preuve de participation (PoS) sont des mécanismes de consensus courants.

● PoW exige que les participants résolvent des problèmes mathématiques complexes, tandis que PoS repose sur des participants détenant une participation dans le réseau.

Cryptographie et sécurité :

● La cryptographie joue un rôle essentiel dans la sécurisation des réseaux blockchain.

● La cryptographie à clé publique permet des transactions sécurisées et une vérification d'identité.

● Lesfonctionsdehachagegarantissentl'intégritédesdonnéesengénérantdes identifiants uniques pour les transactions et les blocs.

- Lessignaturesnumériquesassurentl'authentificationetlanon-répudiationdes transactions.

Contrats intelligents :

- Les contrats intelligents sont des accords auto-exécutables qui exécutent automatiquement des actions prédéfinies lorsque des conditions spécifiques sont remplies.

- Ilspermettentl'automatisationetlaprogrammabilitédesprocessusmétiersurla blockchain.

- Les contrats intelligents ont diverses applications, des services financiers à la gestion de la chaîne d'approvisionnement et aux applications décentralisées (DApps).

Systèmes centralisés ou décentralisés :

- Lessystèmescentraliséss'appuientsuruneautoritécentralepourcontrôleret valider les transactions.

- Lessystèmesdécentralisés,telsquelablockchain,répartissentlecontrôleetla prise de décision entre les participants au réseau.

- Lanaturedécentraliséedelablockchainaméliorelatransparence,lasécuritéetla résilience.

Adoption de la blockchain par l'industrie :

- La blockchain a été largement adoptée dans divers secteurs, notamment la finance, la gestion de la chaîne d'approvisionnement, la santé et la gestion des identités.

- Ilaméliorelatransparence,l'efficacité,laconfianceetlasécuritédesdonnées dans ces secteurs.

- Lesinitiativesblockchaindesgouvernements,desinstitutionsetdesentreprises stimulent la transformation numérique.

Défis et limites :

- La blockchain est confrontée à des défis tels que l'évolutivité, la confidentialité, les cadres réglementaires, la consommation d'énergie et l'interopérabilité.

- Les défis d'évolutivité découlent de la nécessité de gérer un volume élevé de transactions sans compromettre la décentralisation.

- Lespréoccupationsenmatièredeconfidentialitéconcernentlatransparencede la blockchain, ce qui nécessite des technologies améliorant la confidentialité.

- Les cadres réglementaires doivent s'adapter à la nature décentralisée de la blockchain tout en répondant aux exigences juridiques et de conformité.

- Les défis en matière de consommation d'énergie découlent de la nature gourmande en ressources des mécanismes de consensus, en particulier dans les blockchains basées sur PoW.

- Les défis d'interopérabilité nécessitent le développement de normes et de protocoles pour permettre une communication transparente entre les différentes blockchains.

Développements futurs potentiels :

- Les développements futurs potentiels de la blockchain incluent des progrès en matière d'évolutivité, de confidentialité, d'interopérabilité, de gouvernance et de tendances émergentes.

- Lessolutionsdecouche2,lepartitionnement,lespreuvessansconnaissanceet les protocoles d'interopérabilité répondent aux défis d'évolutivité et de confidentialité.

- Les modèles de gouvernance et les organisations autonomes décentralisées (DAO) favorisent la participation et la prise de décision communautaires.

- Les tendances émergentes, telles que les jetons non fongibles (NFT), les monnaies numériques des banques centrales (CBDC) et la finance décentralisée (DéFi), façonnent le futur paysage de la technologie blockchain.

La technologie Blockchain continue de révolutionner les secteurs, de redéfinir les modèles commerciaux et de remodeler la façon dont nous interagissons et effectuons des transactions. Dans ce récapitulatif, nous avons couvert les principes fondamentaux de la blockchain, ses composants, ses mécanismes de consensus, ses considérations de sécurité et ses applications dans divers secteurs. Nous avons également mis en évidence les défis et les limites rencontrés par la blockchain et exploré ses développements futurs potentiels. À mesure que la blockchain continue d'évoluer, les efforts de collaboration, la clarté de la réglementation et les progrès technologiques seront cruciaux pour réaliser son plein potentiel et ouvrir de nouvelles opportunités d'innovation.

Réflexions finales sur l'avenir de la technologie Blockchain

La technologie Blockchain a déjà eu un effet profond sur une variété d'industries, bouleversant les modèles économiques établis et modifiant fondamentalement la façon dont nous menons nos affaires et échangeons des informations. Pour l'avenir, il est évident que le potentiel de la blockchain est encore loin d'être exploité. L'avenir de la technologie blockchain sera examiné dans cette dernière section, ainsi que la manière dont elle pourrait promouvoir l'innovation, changer les secteurs et promouvoir une économie numérique décentralisée et inclusive.

La blockchain a le potentiel de débloquer de nouveaux modèles commerciaux qui n'étaient auparavant ni réalisables ni pratiques. La possibilité de tokenizer les actifs, de créer des applications décentralisées (D'Apps) et de permettre des transactions peer-to-peer ouvre des possibilités de finance décentralisée, de propriété fractionnée et de nouvelles formes d'économies collaboratives.

L'intégration de la blockchain avec des technologies émergentes telles que l'intelligence artificielle (IA), l'Internet des objets (IoT) et le cloud computing a le potentiel de débloquer de nouvelles synergies et applications. La combinaison de la sécurité, de la transparence et de la décentralisation de la blockchain avec les capacités de ces technologies peut conduire à des solutions innovantes dans des domaines tels que la gestion de la chaîne d'approvisionnement, les soins de santé et les villes intellig entes.

La confiance est un facteur fondamental dans tout système économique. La technologie Blockchain a le potentiel de renforcer la confiance dans l'économie numérique en fournissant des enregistrements de transactions transparents, infalsifiables et vérifiables. Cela peut favoriser la confiance entre les participants, réduire la fraude et éliminer le besoin d'intermédiaires.

La nature décentralisée de la blockchain donne du pouvoir aux individus en leur donnant le contrôle de leurs actifs numériques, de leur identité et de leurs données personnelles. Cette évolution vers une identité et une propriété auto souveraines peut conduire à une confidentialité accrue, à la sécurité des données et à l'autonomie des individus. La blockchain peut également promouvoir l'inclusion financière en permettant aux communautés non bancarisées et mal desservies d'accéder aux services bancaires.

La nature décentralisée de la blockchain permet de nouveaux modèles de gouvernance et de prise de décision. Les organisations autonomes décentralisées (DAO) permettent la participation communautaire et le vote sur des décisions importantes, réduisant ainsi la concentration du pouvoir dans les autorités centralisées. Cela favorise une structure de gouvernance plus inclusive et démocratique.

La transparence et l'immuabilité de la blockchain permettent une plus grande responsabilité en matière de gouvernance. Les organisations gouvernementales, les institutions et les entreprises peuvent tirer parti de la blockchain pour accroître la transparence des transactions financières, de la gestion de la chaîne d'approvisionnement et des services publics. Cela peut conduire à une réduction de la corruption, à une amélioration de la confiance du public et à des systèmes de gouvernance plus efficaces et plus responsables.

L'évolutivité de la blockchain reste un défi majeur pour une adoption généralisée. Des innovations telles que les solutions de couche 2, le partitionnement et les transactions hors chaîne sont à l'étude pour répondre aux problèmes d'évolutivité sans compromettre la décentralisation. Ces avancées seront essentielles pour permettre à la blockchain de gérer des volumes de transactions élevés et de prendre en charge les applications au niveau de l'entreprise.

Le développement de cadres réglementaires adaptés est crucial pour l'avenir de la technologie blockchain. Les gouvernements et les décideurs politiques doivent trouver un équilibre entre la promotion de l'innovation et la garantie de la protection des consommateurs, de la vie privée et du respect des réglementations en vigueur. Les efforts de collaboration entre les parties prenantes de l'industrie et les décideurs politiques sont essentiels pour créer un environnement réglementaire propice.

L'interopérabilité des blockchains, c'est-à-dire la capacité de différentes blockchains à communiquer et à partager des données, est essentielle au développement d'un écosystème blockchain connecté et évolutif. Des efforts de normalisation sont nécessaires pour établir des protocoles, des formats et des interfaces communs permettant une interopérabilité transparente entre les différents réseaux blockchain.

La consommation énergétique des réseaux blockchain, en particulier pour ceux qui utilisent des processus de consensus Proof of Work (PoW), est un problème majeur. Le développement de mécanismes de consensus plus économes en énergie et l'adoption de sources d'énergie renouvelables peuvent atténuer l'impact environnemental de la technologie blockchain.

À mesure que l'adoption de la blockchain augmente, la protection des données sensibles et la garantie de la confidentialité deviennent primordiales. Les innovations dans les technologies améliorant la confidentialité, telles que les preuves sans connaissance et les transactions confidentielles, peuvent répondre aux problèmes de confidentialité et permettre des transactions sécurisées et privées sur la blockchain.

La collaboration entre les acteurs du secteur, les startups et les entreprises établies est cruciale pour le développement futur de la blockchain. Les partenariats, consortiums et initiatives open source favorisent le partage des connaissances, l'interopérabilité et

le
développement de meilleures pratiques et de normes.

Le potentiel de la blockchain est mondial et la coopération internationale est nécessaire pour en tirer pleinement parti. La collaboration entre les gouvernements, les organismes de réglementation et les parties prenantes de l'industrie peut faciliter l'harmonisation des réglementations, relever les défis juridictionnels et favoriser un écosystème mondial de blockchain.

Il est clair que nous sommes à la veille d'une nouvelle ère d'innovation alors que nous envisageons l'avenir de la technologie blockchain. Parce qu'elle favorise l'efficacité, la transparence et la confiance, la blockchain a le potentiel de transformer complètement les secteurs et de développer de nouveaux modèles économiques. Sa mise en œuvre à grande échelle dépendra de la résolution des problèmes d'évolutivité, de réglementation et d'interopérabilité. Nous pouvons exploiter tout le potentiel de la blockchain et construire une économie numérique plus décentralisée, inclusive et créative en promouvant la collaboration, en adoptant des considérations éthiques et en utilisant les développements technologiques.

Merci d'avoir acheté et lu/écouté notre livre. Si vous avez trouvé ce livre utile/utile, prenez quelques minutes et laissez un commentaire sur la plateforme sur laquelle vous avez acheté votre livre. Vos commentaires comptent beaucoup pour nous.